mujer SOLTERA *busca marido*

Blanca Mercado

mujer SOLTERA *busca marido*

Resultados garantizados

PANORAMA
mujeres

Mujer soltera busca marido
Blanca Mercado

Primera edición: Panorama Editorial, 2014

D. R. © 2014, Panorama Editorial, S. A. de C. V.
Manuel Ma. Contreras 45-B, Col. San Rafael,
06470, México, D. F.

Teléfono: 55 54 70 30
e-mail: panorama@iserve.net.mx
www.panoramaed.com.mx

ISBN: 978-607-452-491-8

Impreso en México

Este libro es el resultado de una investigación profunda realizada durante siete años a través de talleres, conferencias, sesiones personalizadas y programas de radio.

Por tanto, quiero agradecer de corazón a todas aquellas mujeres que generosamente me prestaron su vida personal para concluir este trabajo. Gracias a todas y cada una de ustedes. Gracias, gracias, gracias.

Índice

Introducción

Honestamente, aquí entre nos, ¿cuánto tiempo de tu vida mujer, dedicas a tu pareja? A encontrar una pareja, cuidar de tu pareja, a olvidar a tu expareja.

Pareciera que nosotras las mujeres cargamos con la grandiosa responsabilidad de girar en torno a este importante tema que forma parte de nuestra historia personal; inscrita en nuestra memoria celular. Por lo cual no nos queda otra que aprender a vivir con ello.

Todo comenzó con la inquietud que despertó un programa de radio llamado, "Se busca marido". Después de haber tomado conciencia de tan marcada obsesión por el compañero de vida por parte de las mujeres, comencé por pedir a los radioescuchas, que se imaginaran lo siguiente:

Una mañana cualquiera te despiertas en tu cama y descubres que estás sola. Te estiras y deseas ardientemente seguir durmiendo. Tienes un excelente trabajo. Tu sueldo es increíble, tus padres te adoran, si tienes hijos también éstos te respetan. Formas parte de un grupo de amigas súper divertidas y cómplices de tus sueños.

Tienes 20, 30, 40, 50 o 60, no importa la edad. El caso es que lo tienes "todo", excepto a él. Sí, me refiero a una pareja. Y no a cualquier pareja. Me refiero a un hombre que se comprometa a pasar el resto de sus días amándote.

El problema es que hace más de tres años que estás sin pareja y para colmo en el radio se escucha una cancioncita de esas que llegan al corazón en una mañana lluviosa que dice algo como... "Es que todos sabemos querer, pero pocos sabemos amar... es que amar y querer no es igual. Amar es sufrir querer es llorar".

¡Ay Dios que escena! Hasta se te enchina la piel. Le llamas a tu mejor amiga y te cuenta que se siente vacía. Tiene todo excepto una pareja.

El día no podría estar más lleno de sensibilidad cuando al entrar a tu Facebook, recibes el siguiente mensaje misterioso.

> Mi nombre es Sergio. No pude evitar ver tu foto. Me recordaste a una novia que tuve en la secundaria. Ella murió en unas vacaciones de verano en un accidente automovilístico. Soy norteamericano, pero trabajo en la petrolera de Londres; tengo 40 años y busco una buena mujer para compartir mi amor y cuidados. Me siento muy solo y es hora de rehacer mi vida. Siempre estuve metido en mi trabajo; no he tenido tiempo para una pareja estable. Me gustaría tanto cuidar de mi pareja con ternura. Pero tampoco quiero que me lastimen, así que cuéntame de ti. ¿Cómo te llamas? ¿En que trabajas? ¿Dónde naciste? ¿Eres libre? ¿Tienes hijos? Espero no haber llegado tarde a tu vida y que estés casada. Espero tu respuesta muy pronto.

¿Qué haces? ¿Cómo respondes?

Los teléfonos se saturaron de llamadas para responder qué hubieran hecho en las circunstancias descritas. Registramos 100 llamadas en menos de 30 minutos. Las telefonistas no se daban abasto. Resultados: todas las llamadas recibidas de mujeres para decir sí o no al mensaje, fueron afirmativas.

¿Qué nos pasa mujeres? El mensaje que tanto las emocionó estuvo viajando por internet y generó serios problemas en la vida de muchas mujeres (fraudes y depresiones).

La idea era confrontar la búsqueda de la pareja por el sexo femenino. Así que después de una ardua labor de investigación sobre los errores que cometemos al buscar y elegir pareja, decidí presentarte los resultados de una manera divertida y provocativa. Te garantizo que en cada página aprenderás a conocerte y descubrir rasgos de tu personalidad que te impactarán.

El objetivo de este libro es informarte, capacitarte, acompañarte, divertirte, confrontarte y motivarte a conocerte mucho más. ¿Cómo pretendemos conocer a alguien si aún no nos conocemos a nosotras mismas?

¿Qué debemos preguntar antes de dar nuestro número de teléfono? ¿Por qué no pedimos lo que necesitamos? ¿Qué ocurre en nosotras para que baste el "hola" de un hombre para querer compromiso?

Pedimos muy poco, ¿será por buenas, inocentes o ignorantes? Sé que suena muy fuerte. Pero como este libro es sólo para mujeres podemos hablar con claridad y sin rodeos.

Todo mundo conoce la historia de una mujer brillante, exitosa, con logros increíbles en su vida y que es la tía solterona de alguien. Cuando hablan de sus éxitos lo gritan a los cuatro vientos, pero cuando tienen que referirse a su estado civil, la cosa cambia. Entre susurros se comenta, "es solterona", cosa que no ocurre con los tíos que decidieron no casarse. Ellos son *playboys*.

Hay quienes afirman que así como las mujeres le tenemos miedo al éxito, en la misma intensidad perseguimos un marido. ¿Será cierto?

Hace años que trabajo como asesora de hombres y mujeres en mi consultorio. Las razones por las que asisten son muy variadas. La mayoría de las mujeres lo hacen por el llamado "mal de amores". Los hombres van más por negocio o toma de decisiones.

¿Tendrá algo que ver nuestro miedo al éxito y a la independencia con la obsesión de encontrar pareja?

Te invito a que viajemos juntas con la intención de superarnos e interpretar la historia de las mujeres en busca de una pareja. En este libro quise señalar elementos psicológicos, sociales y filosóficos que contribuyen a la comprensión de nuestra realidad.

Trataré ante todo de llegar a eliminar nuestros miedos conscientes e inconscientes a la soledad, en aras de demostrar que una mujer que se ama y conoce a sí misma puede ser feliz sola o en pareja.

Interrogantes por responder:

- ¿Por qué atraemos parejas inadecuadas?
- ¿Por qué muchos hombres eluden el compromiso?
- ¿Por qué a mayor éxito de una mujer más dificultad para encontrar pareja?
- ¿Qué quiero obtener de una pareja?

Entre nosotras

Sé que deberías estar leyendo el primer capítulo del libro. Pero quiero que antes conozcas a que te enfrentarás. Este no es un libro común; está vivo y te acompañará intensamente.

Quiero compartir contigo, como lo haría mi sabia abuela, un cuento que fundamenta todo lo que descubrirás en esta obra. El cuento, de origen desconocido, se le atribuye a Esopo y describe mágicamente todo lo que te quiero transmitir.

Se trata de una ranita feliz y contenta que saltaba alrededor de una hermosa laguna. Era una ranita feliz. No le faltaba nada y siempre tenía un croac amable para todo el que la rodeaba.

En una ocasión caminaba por el rumbo un alacrán de los más venenosos. Desesperado por cruzar la laguna observó una ranita, que le despertó mucha curiosidad al verla tan feliz, sutilmente se acercó a ella y le dijo:

> —Amiga ranita (apenas la conocía), ¿podrías hacerme un gran favor?
>
> —Desde luego, contestó la ranita tratando de poner atención al extraño.
>
> —¿Podrías cruzarme por la laguna hasta el otro extremo? ¿Podrías subirme a tu lomito y cruzar la laguna por mí?

—No creo poder hacerlo señor alacrán —contestó la ranita—. Tú eres un alacrán y eso te vuelve bastante peligroso. Lo siento.

—Pero ranita —exclamó el alacrán suplicante— me ofendes. Yo jamás te haría daño. Sólo confía en mí. Es absurdo como podría picarte si yo iría sobre ti. Moriríamos los dos. ¡Es absurdo! Mejor dime que no quieres ayudarme, que eres bastante egoísta. Yo lo entenderé. Eso me pasa por esperar cosas buenas de una rana desconfiada.

—Espera —gritó la ranita avergonzada—, sube a mi lomo.

Así, ranita cruzaba al alacrán sobre su espalda, cuando justo a la mitad de la laguna, éste clavo su agijón, lo que provocó un intenso dolor a la rana.

—¿Qué has hecho? Lo prometiste. Prometiste no lastimarme.

—¡Lo siento tanto ranita! Es mi naturaleza. Debiste saberlo. Soy un alacrán.

Ranita y alacrán murieron al instante. La pobre ranita perdió su vida por no escuchar su intuición. ¿Cuántas veces traicionaste tu intuicion en favor de los demás? ¿Te dio resultado?

Lo que te choca te checa

Las relaciones no funcionan...
Porque buscamos que otro nos dé
lo que nosotros no queremos darnos.
Porque elegimos pareja por miedo
a la soledad, por llenar vacíos
o por simple apego.
Por nuestro patrón de víctima que
otorga el poder al otro.

1
Tengo todo excepto a ti

¿Por qué se siente tan mal estar sola?

Todo en esta vida tiene un costo. Pero en la mente femenina no hay nada por lo que se pague más que por tener una pareja. Seguramente escuchaste más de una historia en la que una mujer renuncia a todo en nombre del amor.

Todos los días convivimos con este asunto de ganancias o pérdidas, sólo que no estamos conscientes de ello. Te levantas pierdes horas de sueño y ganas puntualidad en tu trabajo. Te comes una pizza en lugar de una ensalada, ganas el placer de darte un antojo, pierdes tu inversión con el nutriólogo, porque no le haces caso a su dieta. En conclusión, nuestra vida es el resultado de nuestras elecciones. Así que no hay premios ni castigos; sólo resultados.

¿Qué nos ocurre a las mujeres cuando no tenemos pareja? ¿Tenemos que hacer algo al respecto?

Te comparto la siguiente historia de una mujer como tú y como yo. Las historias que leerás en la presente obra son todas verdaderas. Solamente los datos personales fueron modificados. Te pido que las leas con la mente abierta y sin juzgar, de lo contrario no te servirá para nada la información.

Marcia tiene cuarenta años. Es una mujer esbelta y muy atractiva. No ha tenido hijos. Renunció a la maternidad por la situación particular de su pareja. Trabaja en capacitación a empresas en el increíble arte de las ventas. Viaja mucho y siempre se distingue por su seguridad personal e imagen impecable de éxito.

—Tengo un problema —me dijo Marcia con voz triste—. Quiero terminar con mi pareja y no puedo.

—¿Qué te lo impide?

—Son muchos años juntos. Todo comenzó cuando yo tenía doce años. Estaba en primero de secundaria y mi compañero de la escuela me pidió que fuera su novia. Se lo conté a mi madre y como respuesta obtuve una tremenda golpiza. No lo acepté. Pasó el tiempo. Al llegar a la preparatoria lo volví a encontrar. Se llama Antonio. Yo en ese momento tenía 16 años. Nunca había tenido novio. Mi madre no me dejaba. Ella había sido madre soltera y no quería vivir lo mismo. Esta vez no le dije nada a mi madre y a escondidas nos hicimos novios. Terminé mi carrera de mercadotecnia y él de administrador de empresas. Mi madre nunca supo de nuestra relación. La mantuve en secreto todo el tiempo. Algunas veces nos íbamos a un motel para estar juntos. Quiero aclarar que aunque yo ya no era virgen, pues hicimos el amor a los 16 años, él nunca me dijo que yo no valía. En cambio me decía que como la había perdido con él, ante sus ojos era una mujer decente.

Un viernes, mi novio me dijo que no lo vería durante una semana por cuestiones de trabajo. Hice mi vida normal, excepto pasarme la tarde con él a escondidas. El domingo en la noche fui a misa y grande fue mi sorpresa cuando descubrí a mi novio casándose con otra. Fue cuando conocí a su familia. A distancia por supuesto. Él sólo me miro y siguió de largo con su ahora esposa.

Mi madre nunca supo por qué quise matarme esa noche. Al salir del hospital me prometí no llorar más, pero la verdad lo extrañaba mucho. Quince días después de ese diabólico domingo llegó a buscarme a mi trabajo y me pidió perdón. Hicimos el amor como nunca. Lo perdoné y seguimos a escondidas. Nos veíamos todos los días y así podía cuidar a mi madre que siempre estaba muy enferma. Él comenzó a tener hijos con su esposa. Cuatro en total y trabajaba mucho para mantener a su familia. Así que a partir de ese momento era yo quien pagaba nuestras salidas y el motel, para ayudarlo económicamente. Después comencé a darle dinero para que mantuviera a sus hijos en un nivel de vida más alto, pues a mí me iba muy bien económicamente. Nunca me permitió tener un hijo. Llegué a ponerle un negocio a la esposa. Nadie supo de mí. Ni como amiga. Siempre he sido un fantasma.

Lo más grave es que mi pareja me pidió que le compre una casa si en verdad lo quiero. Y yo no sé qué hacer. Soy empresaria, exitosa, gano súper bien. Pero siento que me hace falta algo. Que estoy incompleta.

Indudablemente el mejor consejo para Marcia sería el ya conocido, "quiérete un poco". Pero qué sentido tenía decirlo. Definitivamente esta mujer no asistió a consulta sólo para escuchar una frase que bien podría decírsela una amiga en un café. En verdad quería saber, ¿por qué le era tan difícil soltar una relacion que no le ofrecía nada?

¿Tendemos a aferrarnos a las personas o situaciones que nos hacen sufrir? ¿Actuar así es un error? ¿Cómo soltar lo que no nos hace bien? Simplemente se deja de forzar la situación para que sea como nosotras deseamos. Cuando nos esforzamos porque una relación funcione, nos desgastamos en esa dependencia emocional. Le entregamos nuestro poder personal, pues no somos felices si el objeto de nuestra obsesión está lejos de nosotras. Esto le pasó a Marcia; sin darse cuenta se volvió adicta a una relación destructiva y pagó un precio muy alto.

Detrás de esa necesidad de retener a la pareja hay muy serias heridas ocultas. Necesidades infantiles no satisfechas. Cuando nos sabemos merecedores de ser amados no necesitamos a nadie para ser felices.

Cualquier relación que nos genere sufrimiento es una relación destructiva para nuestra salud emocional. Pero la responsabilidad no es definitivamente atribuible al agresor. También corresponde parte de la responsabilidad de quien lo permite.

Marcia vive ahora más pendiente de sus necesidades personales. Dejó de pensar que era una tonta por permitir que abusaran de sus límites. Descubrió que sus primeros maestros de agresión fueron sus padres y sin darse cuenta se acostumbró a estar cómoda en medio del caos.

La madre de esta mujer devoró sin darse cuenta los límites personales de su hija. Estoy convencida de que en ningún momento fue su intención, pero domesticó a su pequeña para ser violentada sin recriminación o protesta alguna.

Una relación llena de misterio e intriga como la de nuestra protagonista de la historia se convierte en un peso emocional que desgasta la fuerza de voluntad.

¿Por qué no huimos de una relación incómoda? Por curioso que esto resulta de entenderse. La mujer se siente aterrada de ser abandonada por su hombre. A pesar de lo visible que resulta su abandono para los demás.

Cuando las mujeres buscamos en nuestras parejas que nos protejan, cuiden, admiren, consientan y amen, estamos lejos de tener esas mismas cualidades. Idealiza ciegamente al pretendiente y así surge una relación enfermiza en la que se pasa todo.

Poco a poco esta mujer cedió a las solicitudes de su pareja. Lo impactante es como después de tanto dolor nuestra amiga elegía seguir entrampada. Con la ilusión de encontrar al príncipe que las rescate de su castillo de pureza, se someten por miedo, culpa o la amenaza de quedarse solas. Se trata de inmadurez emocional que te atrapa donde no quieres estar.

No siempre una mujer dependiente emocionalmente lo es en el ámbito económico. En el caso referido puedes darte cuenta que ella era económicamente más poderosa que él. Será que entonces nos convencemos de que amar es sufrir y lo vemos como natural. Entre más débil, sumisa y obediente sea una mujer, más posibilidades tiene de atraer este tipo de hombres.

Un hombre inseguro, con baja autoestima, es un hombre con un grandioso complejo de inferioridad y buscará a alguien dócil para minar poco a poco su confianza en sí misma.

Un día después de la sesión con Marcia, realicé una encuesta por radio entre mujeres para encontrar algunos rasgos que trabajar en este libro. ¿Cómo debe ser el hombre que elijas para pasar el resto de tu vida?, fue la pregunta.

Las respuestas fueron similares a: seguro, independiente económicamente, líder, visionario, positivo, respetuoso, auténtico, inteligente, con sentido del humor, con principios morales, y hasta hubo quien respondió-preguntó: "¿Existe?".

Ahora respóndeme tú, ¿cómo debe ser el hombre que elijas para pasar el resto de tu vida?

____

____

____

____

____

____

Una mujer no debería casarse para no estar sola. Ni tampoco por lo romántico de una boda. Si no merece la pena arriesgarte a estar con alguien. Por favor madura; no lo hagas.

¡Mucho cuidado! Una relación de pareja saca lo que llevas dentro. Deja de soñar. El amor es energía y si desde el principio tu relación es problemática, te tengo una noticia el amor jamás destruye.

Tu miedo a la soledad esconde un gran ego. Y quien está enfermo de reconocimiento y acompañado no puede ser capaz de amar. ¿Eres capaz de sentir amor? ¿Qué es para ti el amor?

Nacemos solos, vivimos solos, morimos solos, entonces, ¿por qué nos casamos o buscamos pareja? ¿Por qué razón queremos estar comprometidas?

¿Qué me falta para poder ser elegida?

Tenemos miedo de estar solos, tenemos miedo de perder a nuestra pareja, tenemos miedo de nuestra pareja. Antes de aceptar casarnos con alguien deberíamos observar cómo querernos a nosotras mismas.

¿Cómo te amas tú? ¿Eres amorosa contigo? ¿Cómo podrías ser amorosa contigo?

Mujer, no detengas tu vida por esperar el amor; tu pareja es protagonista de su vida. Tu historia personal ya tiene estrella. Eres tú.

Para tener una relación de pareja sin protagonismo sólo se requieren dos requisitos. Liberarte de tus traumas pasados y tus miedos, y vivir el presente.

Todos necesitamos relacionarnos. El ser humano es social por naturaleza, pero antes de intentar una relación de pareja. Necesitas saber relacionarte contigo misma:

- ¿Qué tal te caes?
- ¿Qué tan tolerante y paciente eres contigo misma?
- ¿Qué tanto te gusta tu forma de vestirte?
- ¿Qué tanto amas lo que haces?

¿Quién llena mis vacíos?

De la misma forma que se hace con otras personas. Comienza por conocerte. Después cortéjate, enamórate, comprométete y finalmente cásate contigo misma. No estoy jugando, es más serio de lo que crees.

¿Cómo puedo conocerme mejor?

"Lo que el hombre hace por Dios, la mujer lo hace por un hombre". En algún lugar escuche esta frase que es muy explicativa de la situación. La mujer se ocupa más de conocer y complacer al otro que a sí misma. No tenemos la menor idea de lo que significa conocernos. El conocimiento personal es poder.

Hagamos la siguiente actividad para efecto de conocernos más. En cada segmento de la figura del cuerpo humano deberás ubicar lo que a continuación se te indica.

- Cabeza: Describe tu forma de pensar.
- Boca: Describe tu forma de expresarte.
- Corazón: Describe tu particular forma de amar.
- En la mano derecha: Describe tus cualidades.
- En la mano izquierda: Tus limitaciones.
- En las rodillas: Los miedos que te caracterizan.
- En los pies: Tus metas a lograr.

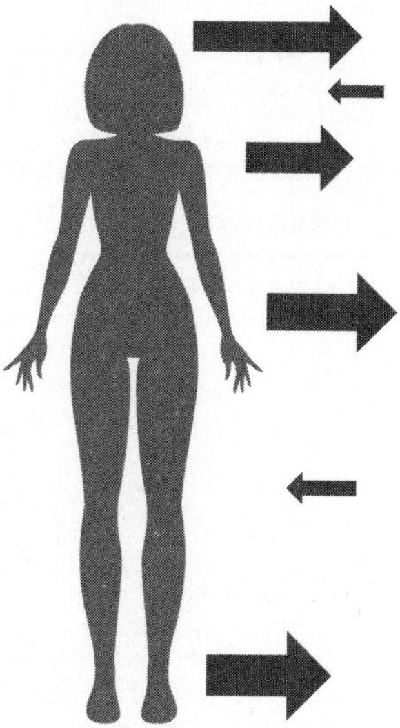

Con este ejercicio tan sencillo podrás identificar realmente quién eres. Escribe tu historia personal en 10 renglones. No más. Piensa rápido.

___

___

___

___

___

___

___

___

___

___

___

Escribe tu historia personal exagerando la tragedia de tu vida. Vamos, deja salir tu voz de víctima emocional. Por favor cumple la actividad en 10 renglones. No más. Piensa rápido.

Escribe tu historia personal desde el pensamiento positivo. Usa tu imaginación. Descubre lo mejor de todo lo que has vivido en 10 renglones (también puedes exagerar), no más. Piensa rápido.

¿Cómo puedo iniciar un romance conmigo misma? Lo que somos lo heredamos también de nuestros padres. ¿Qué influencia tuvo tu padre en tu vida?

¿Qué influencia tuvo tu madre?

¿Con cuál de ellos hacías alianza?

¿Con cuál de ellos te identificas?

¿A quién me parezco más?

____

____

____

Completa las siguientes frases. Sin pensarlo y en menos de tres minutos. Corre tiempo.

Yo soy___________________________________

Yo soy___________________________________

Yo soy___________________________________

Yo soy___________________________________

Yo soy___________________________________

Yo soy___________________________________

Yo soy___________________________________

Yo soy___________________________________

Yo soy___________________________________

Yo soy___________________________________

¿Qué debo hacer para amarme?

Para comenzar, no des importancia a lo que los demás dicen de ti. Busca complacerte y quedar bien contigo misma. Y lo más importante acéptate tal y como estás. ¡No como tu maldita voz exigente desearía! (Perdón me exalté un poco).

Toma tus decisiones, ¿puedes equivocarte? Desde luego que sí. De cualquier forma inténtalo.

Identifica para efecto de no perderte en lo que la mayoría de mis alumnos denominan, ser egoísta, una lista de 10 derechos que consideras tener en tu vida.

Ahora escribe 10 obligaciones que necesitas para ser una mejor persona.

____

____

____

____

____

¿Quién se compromete conmigo?

Compromiso es una palabra que a muchos asusta. Compromiso es responsabilidad, promesa, pacto, respuesta intencional a las necesidades.

Para saber si estas comprometida contigo misma, observa cómo empleas tus recursos a tu favor. Cómo inviertes tu tiempo, tu dinero, tu energía en tu vida. El compromiso tiene que ver con nuestra motivación, que determina la intención.

Algunos rasgos que pueden ayudarte a descubrir tu grado de compromiso son:

- Siempre hablas positivamente de ti.
- Te sientes orgullosa de ser quien eres.
- Destacas tus cualidades.
- Te sientes animada con tu forma de vida.
- Sonríes.
- Eres respetuosa y cordial contigo misma.
- Buscas tu satisfacción personal.
- Tienes claridad en tu misión, visión y valores.
- Te aprecias y te valoras.
- Tienes retos personales que hacen tu vida interesante.

¿Cómo casarme conmigo misma?

En una de las entrevistas que realicé en la Feria Internacional del Libro en Guadalajara, a Ricardo Cucamonga autor del libro *Cómo casarte tipo bien,* platicábamos precisamente sobre lo que hacemos las mujeres por casarnos para sentirnos completas. Desde buscar colores adecuados, guardarropa, maquillaje, el signo zodiacal, etc. En el libro, el personaje de Cindy nos muestra claramente de una forma amena los excesos en que caemos en esta faena.

Cuando le pregunté, ¿qué consejo darías a las mujeres para casarnos tipo bien?, me respondió, "primero, cásate contigo misma".

Al llegar a casa le mostré a mi hija Mariana el libro de Ricardo y lo primero que me dijo al verlo fue:

—¡Qué padre, mamá!, porque me gusta un chico y quiero ver qué ropa me llevo mañana a la escuela. También quiero que me ayudes a peinar y...

Le conté la experiencia completa y ambas en silencio nos fuimos a dormir. A la mañana siguiente le pregunté a mi hija si deseaba que la ayudara a peinarse, como me lo había pedido la noche anterior. Su respuesta fue tajante.

—Olvídalo mami... ¡Que me quieran como soy...!

El compromiso es esencial. Comprométete contigo misma porque sencillamente eres todo lo que tienes.

Para abrir los ojos

El complejo de Wendy (Dan Kiley)

Hay mujeres que enfocan su vida al cuidado de los demás. Lo cual esconde su necesidad de control. Mujeres que están siempre dispuestas a atender la necesidad de las personas que las rodean. Es una tendencia al autosacrificio.

La voz de mi intuición

Deja sólo de servir a los demás. Date tiempo para ti. Tienes derecho a ser primero tú. Cuida tus necesidades. ¿Cuándo fue la última vez que planeaste tiempo para ti?

Ritual

Conecta contigo misma. Busca un lugar privado. Enciende una vela blanca y concentrate en tu respiración. Describe mentalmente que sientes. ¿Eres feliz? Di en voz alta como te sientes.

En cada capítulo

Haz un alto y sé sincera.

Antes de este capítulo pensaba que:

___

___

___

___

___

Ahora después de leerlo, pienso que:

___

___

___

___

___

Un riesgo que pienso correr para salir de mi rutina y que facilite mi proceso de sanación es:

___

___

___

___

___

Lo que te choca te checa

Fuimos educadas para renunciar a nosotras mismas.

Terminamos por confundir necesidad con amor.

¿Cómo aprendiste a renunciar a ti misma?

2

¿Por qué me urge casarme?

Muchas relaciones de pareja no comienzan desde el amor, sino desde la necesidad de tener una pareja. De tener a alguien, de pertenecer.

La necesidad imperiosa de sentirnos queridas

No tener una pareja a tu lado puede ser una ventaja. Hay momentos en que no deseas embarcarte en una relación de pareja y es muy válido. Esta necesidad de sentirte querida esconde miedo al rechazo, al abandono, el deseo de ser complaciente para resultar aceptado.

Las mujeres deseamos una palabra cariñosa, un abrazo, una caricia, ¿cuántas veces te sorprendiste el amanecer llorando porque nadie te ve? Recibo tantos correos de mujeres que me dicen que necesitan sentirse amadas. ¡Yo sólo quiero saber si me ama!

Una de las necesidades básicas del ser humano es sentirse amado. Pero algunas necesidades pueden convertirse en trastornos de personalidad.

¿Cuándo es un trastorno?

Cuando esta necesidad de sentirte amada te impide ser feliz. Incluso afecta tu vida personal. ¿Siempre dudas de ser amada? Si esto es una obsesión, tienes que hacer algo.

La satisfacción de esta necesidad nos lleva al equilibrio. ¿Pero cómo no depender de sentirme amado? Trabaja intensamente los siguientes aspectos:

1. Cree firmemente que tienes todo lo que necesitas.
2. No mendigues amor.
3. Elige estar al lado de personas amorosas.
4. Distingue amor de cuidado.
5. Di lo que piensas, en lo que crees y en lo que difieres.
6. Sé muestra viviente del amor.
7. Ámate como desearías ser amada.

Celia es una hermosa mujer de 30 años. Conoció a Ramón de 35 años, recién divorciado cinco años atrás. Sin embargo, siempre llevaba a las reuniones a su exesposa y nunca a Celia con quien salía desde hacía un año.

Ramón le contaba como odiaba a su exmujer. Le pedía que le tuviera paciencia. Celia estaba presente todo el tiempo para él. Bastaba que él llamara y ella dejaba todo por su hombre.

Cuando Celia fue a consulta le pregunté:

—¿Son novios?

Para mi sorpresa, respondió:

—No lo sé.

—¿Cómo? —esperaba haber escuchado mal.

—No lo sé.

Esa tarde Celia se llevó de tarea preguntárselo a Ramón, quien no dudo en contestarle.

—Amigos. No me siento preparado para una relación. Además mi ex puede enojarse.

Celia siguió con él. Con la esperanza de un cambio. Diez años después la encontré al salir del banco. Se veía muy acabada. Le pregunte cómo estaba. Bajó la mirada y dijo:

—Sigo esperando. Ramón regresó con su exesposa porque tiene cáncer en un seno. Viven juntos, pero no hay nada entre ellos.

—¿Y tú, Celia? ¿Qué esperas? —pregunté con sincera curiosidad.

—Es demasiado tarde para dejarlo.

¿Es necesario tener una pareja para ser feliz?

No me parece justo para los hombres esta forma de pensamiento. Me atrevería a decir que una mujer debería sentirse feliz. Antes de desear tener una pareja. Analicemos la siguiente historia real.

> Tuve algunos novios que me trataban mal. Pero los dejé porque cuando era adolescente, me obsesioné con un chico al que le rogué hasta la humillación, iba y lo veía de lejos a escondidas, hasta que un día llegué y pregunté por él en la prepa, y uno de sus compañeros me dijo:

—¿Tú eres Titi?

—Sí.

—Juan me habló mucho de ti —yo me emocioné—, me dijo que eres una rogona. De hecho te vio subir las escaleras y corrió para el otro lado.

Le di las gracias, y me prometí a mí misma que jamás le volvería a rogar a nadie, y que tampoco volvería a permitir humillaciones. A partir de esa experiencia tuve una gran depresión, me quería morir, dejé de comer, caí en anorexia y bulimia, y otros problemas. Hasta que un día le prometí a Dios que si me sacaba de esto, no volvería a dejarme morir, y desde entonces pensaba: "seguro no me hace caso porque estoy gorda, o porque no me arreglo de cierta manera". Entonces adelgacé, me vestía a la moda y el hombre nunca me hizo caso.

El primer novio que tuve me dejaba plantada y tomé la decisión de dejarlo; después de cinco años me fue a buscar a mi casa para preguntar si ya me había casado. El segundo era de "con esa ropa no vas conmigo", y también lo mandé a volar.

Y este último, con el que duré casi siete años, en términos generales me trató bien, hasta que le exigí que nos casáramos. Entonces empezaron los maltratos, llegó a decirme que como quería que nos casáramos si yo no era la mujer que conoció, que había subido mucho de peso, no me arreglaba, era desordenada y mis cosas no cabían en su casa. En siete años de relación, sólo uno estuve delgada, desordenada era desde el principio y no cabían mis cosas en la casa que yo escogí y para la que le presté dinero para comprarla, mismo que me regresó después de cinco años.

Creo que lo que me pasaba (lo digo en pasado porque espero haberlo superado), fue que:

- No puse límites a tiempo.
- Le di más importancia a la otra persona que a mí.
- Di todo lo bueno de mí, sin esperar nada a cambio.
- Pospuse mi realización personal en pro de la relación.
- Tomé el papel de "mamá protectora" con mi pareja.
- Adopté el papel de prometida y esposa, que en realidad no me correspondía, sólo era la novia.
- Necesitaba aprobación, en vista de que en mi casa no la tenía.
- En su momento sentía que si no me quedaba con él, entonces me sería muy difícil encontrar a alguien más.
- Quería demostrar que era capaz de conservar a un hombre a mi lado, porque mi padre nos abandonó cuando tenía siete años.
- En algún momento mi pareja se convirtió en mi fuente de amor y felicidad. Pero ahora sé que el amor y la felicidad provienen de Dios y que todo está en mi interior.
- Tenía miedo a la soledad.

Conclusión, me saboteé a mí misma, lo puse de pretexto creo que cuando alguien sabe el rumbo de su vida no lo pospone, y yo no me ubicaba. Ahora ya sé qué quiero y merezco.

Ahora voy a terapia y entre las cosas que debo trabajar, que dan mucha ilusión está hacer una actividad física y encontrar cuál es mi vocación.

Titi

Titi encontró su respuesta. Compara sus resultados con tu historia personal. ¿En qué se parece esto a mi vida?

____
____
____
____
____
____
____
____
____
____
____
____

Para abrir los ojos

El complejo de Cenicienta

Colette Dowling compartía que en su deseo de ser protegida la mujer elegía un estado de permanencia dependiente. Un miedo inconsciente de la mujer a ser independiente, lo que es considerado un síndrome.

Mujeres que en vez de realizarse por sus propios medios lo esperan todo de su pareja. Todo esto es fuente de una cultura patriarcal.

La voz de mi intuición

Revisa tus creencias. Elige cuáles son mejores para ti, porque con ellas escribes tu historia.

Ritual

1. Llena una jarra nueva con agua y deposita en ella unas ramas de las siguientes hierbas:
    - Raíz de hoja santa
    - Mirra
    - Nuez moscada
    - Romero
2. Sella la jarra y manténla así tres días a la intemperie.
3. Cada mañana coloca tus manos sobre la jarra y en voz alta repite. Tengo muy buena suerte en mi vida. A los tres días utiliza el agua para enjuagar tu pelo.

En cada capítulo

Haz un alto y sé sincera.

Antes de este capítulo pensaba que:

Ahora después de leerlo, pienso que:

Un riesgo que pienso correr para salir de mi rutina y que facilite mi proceso de sanación es:

Lo que te choca te checa

Sólo controlas tres cosas en tu vida...

Tu forma de pensar

Tu actuación

Tu forma de reaccionar

3
Detecta al señor "no compromiso" y no pierdas el tiempo

Mariza es una mujer de 30 años; muy brillante en su carrera de odontología. Conoció a Benjamín en un congreso. Un hombre divorciado de 50 años con dos hijos. Uno de ellos de la edad de Mariza.

Cuando la llevaba a casa de sus hijos la presentaba como una amiga. Mariza se sentía ofendida. Le habló sobre lo incómodo de la situación y se atrevió a preguntar ¿qué soy para ti? Benjamín le pidió que fuera su esposa. Mariza feliz olvidó preguntarle la fecha de la boda. Durante un congreso un año después, Mariza conoció a una exnovia de Benjamín, una mujer de 40 años muy inteligente llamada Martha. Se hicieron amigas muy pronto. Martha le comentó que había sido novia de Benjamín durante 10 años. Ella lo había conocido recién que se divorció. También le dijo que se veía en Mariza cuando tenía 30 años. Benjamín le pidió que se casara de inmediato. Nunca pusieron fecha.

—Esa noche Mariza preguntó a Benjamín:

—¿Cuándo piensas que sería la fecha de nuestra boda?

Benjamín no respondió. Mariza regresó sola del congreso. Todavía es amiga de Martha. Se ahorró años de espera.

El compromiso es el paso de lo que se desea a lo que es realizable.

Él no quiere compromiso

Señales de que él no quiere un compromiso contigo:

1. Ser monógamo le resulta muy difícil.
2. No quiere salir contigo si no van sus amigos.
3. Nada personal de él está en tu casa. Ni permite que algo de ti esté en la suya.
4. No establece rutinas. Puede desaparecerse una semana. Y a la siguiente verte todos los días, para luego desaparecer.
5. No comparte contigo nada personal.

¿Cómo saber si tú estás lista para el compromiso?

1. Disfrutas de su compañía.
2. Eres tú misma cuando estás con él.
3. Quieres mucho más.
4. Disfrutas compartir tu tiempo y tus cosas con él.
5. Ves en él más cosas buenas que malas.

Para enfrentarte al compromiso tienes que vencer tu miedo. Se trata de construir un futuro juntos. Recuerda que una relación permanente y armónica no ocurre porque sí. El miedo al compromiso del hombre está muy ligado a no dar el ancho en la relación.

Los hombres con miedo al compromiso comparten ciertas características.

- Su personalidad es muy romántica y son bastante soñadores e idealistas.
- Justo en el momento en que la mujer lo comienza a contemplar como parte de su vida, sale corriendo en dirección contraria.
- Les gusta ser tomados en cuenta.
- Son muy posesivos y celosos.
- Desde el principio de la relación pareciera que quieren algo muy serio; de hecho lo presumen todo el tiempo.
- No tiene un proyecto en común como pareja. Cuando tratas de establecer puntos comunes con fecha se estresa.

Generalmente, este tipo de relaciones son disfuncionales y producen mucha tensión. Algunos rasgos característicos son:

- Mala comunicación
- Conflictos constantes y permanentes.
- Círculo vicioso de malestar.
- Incomodidad y frustración.

Más que las palabras, mujeres, lo que determina si en una relación hay o no compromiso son las acciones. Cuando a alguien le interesas lo demuestra de forma natural.

Cuando alguien está comprometido contigo te ofrece muestras de cariño, hay química sexual, te respeta, te valora, no invade tu espacio personal. Pues todos necesitamos tener nuestra intimidad. La relación fluye de forma natural. No necesitas presionarlo ni amenazarlo.

Para abrir los ojos

El complejo de Peter Pan

Inmadurez psicológica y narcisismo. Son irresponsables, rebeldes, dependientes, manipuladores. Se niegan a madurar. Se reconocen seductores y divertidos. Pero salen corriendo cuando escuchan la palabra formalizar. Generalmente buscan a Wendy y Campanita.

La voz de mi intuición

Enfrenta tu ira y tu necesidad de control. Exprésala con fuerza. Hazla tu aliada. Equilibra tus dualidades. Eres sombra y a la vez luz. Amor y miedo. Fuerza y debilidad. ¿Te da miedo tu ira porque te enseñaron a no enfadarte?

Ritual

Revive en tu mente un momento de ira frenada. Busca un tambor y entona una melodía que permita fluir tu enojo. Recuerda encender una vela blanca durante tu ejercicio. El tambor emite el sonido vivo de tu emoción.

En cada capítulo

Haz un alto y sé sincera.

Antes de este capítulo pensaba que:

____

____

____

____

____

Ahora después de leerlo, pienso que:

____

____

____

____

____

Un riesgo que pienso correr para salir de mi rutina y que facilite mi proceso de sanación es:

____

____

____

____

____

Lo que te choca te checa

Nunca es tarde para encontrar el amor,
pero hazte un favor y deja de buscar afuera.

4
Ya leí sobre mujeres que aman demasiado y ahora, ¿qué sigue?

Ya estás convencida que sufrir no es amar; a pesar del desamor y la insatisfacción sigues obsesionada con tener una pareja que no te quiere.

Ya te diste cuenta que provienes de una infancia insatisfecha de tus necesidades básicas. Proporcionas afecto desmedido a hombres que visiblemente te dan señales de no estar listos para una relación sana.

En la obra de Robin Norwood, *Las mujeres que aman demasiado*, se evidencia la influencia del poder de nuestra historia personal sobre la elección de nuestra pareja. Rasgos alarmantes para trabajar antes de encontrar pareja:

- Violencia intrafamiliar.
- Padres o madres abandonados en su infancia.
- Padres indiferentes.
- Problemas económicos severos.
- Padres hostiles.
- Ausencias.
- Inmadurez.
- Falta de efectividad.
- Autoestima dañada.

- Falta de protección.
- Falta de cooperación.

Aprendemos a querernos en nuestra familia

Los padres influyen más allá de lo que se imaginan en el proceso de elección de nuestra pareja. Un requisito indispensable es una relación como pareja en armonía que sirva de ejemplo.

> Jaqueline no había tenido novio a sus 20 años. Sus padres no veían bien que una mujer conociera a su pareja antes de casarse. Le hacían tremendos dramas cuando conocía a algún pretendiente. Para colmo la relación de pareja de sus padres era insoportable, todo el tiempo se peleaban y gritaban delante de todos.
>
> Jaqueline se casó con el primer novio que tuvo; un hombre violento y controlador. A él, le pareció impactante su miedo a convivir con otros hombres, lo que resultó en una relación violenta y silenciosa. 20 años después esta mujer pudo divorciarse. Curiosamente su nueva pareja es un hombre celoso y posesivo, y con mucho miedo al compromiso.
>
> La historia de amor se convierte en historia de horror.

Actividad

Escribe en 10 renglones tu primera historia de amor.

Escribe ahora la historia de amor de tus padres.

¿En qué se parecen ambas historias?

Al elegir pareja solemos repetir ciclos. ¿La historia de amor de tus padres fue una historia de dolor? ¿Eres adicta a sufrir por amor?

Define brevemente lo que para ti es el amor.

Ahora define lo que es el amor, toma como referencia mental la relación de tus padres (si reñían todo el tiempo, se golpeaban y se criticaban).

____

____

____

____

____

Toma conciencia de si por alguna razón aprendiste a complacer a los demás, mientras aprendiste a olvidarte de ti. ¿Te perdiste en el amor platónico? El amor platónico viene del miedo. De la fantasía. El miedo te lleva a perderte de ti misma.

Usualmente pensamos, "esta pareja no me llena, me buscaré algo mucho mejor". La gente comienza a decirte: "¿cómo piensas terminarlo?, ¿estás segura que encontrarás a alguien mejor?"

Te pregunto: ¿qué es lo peor que podría pasarte si haces lo que más quieres? ¿Tienes relaciones de pareja monótonas, por temor a no encontrar más? ¿Estas aburrida de ser quién eres? ¿Tienes miedo a estar sola?

> Todo inició cuando conocí al que seis meses después sería mi esposo, yo tenía 15 años, él, 29; soy la sexta de una familia integrada por 14 hijos, hija de un obrero y mamá cocinera, a quienes apenas veía por las noches y por supuesto no teníamos comunicación.

Después de analizar todo lo que sucedió llegué a comprender por qué me enganché como lo hice con mi marido, en el fondo quería sentir que era importante para alguien pues no recuerdo haber recibido alguna caricia, reconocimiento o algo parecido; después lo entendí, así fueron educados pero yo en aquel tiempo no lo veía, era demasiado tímida e insegura.

Recuerdo que siempre trataba de no dar problemas, ser buena estudiante, bien portada, ayudaba a mis padres en lo que podía y me preocupaba por mis hermanos, así que en cuanto pude empecé a trabajar porque quería superarme y sabía que económicamente mis padres no podían apoyarme; así fue como conocí a mi esposo.

En aquel tiempo estudiaba la carrera técnica de trabajo social por la mañana y trabajaba por las tardes; era la secretaria particular del jefe de la empresa, en la que mi marido fue contratado como contador público. La verdad a mí no me gustaba y tenía novio, sin embargo desde que llegó mi marido empezó a cortejarme y cuando menos pensé ya estaba embarazada, super enamorada y viendo todo color rosa, pues él era muy cariñoso conmigo y me colmada de atenciones, hasta que le confirmé mi embarazo. Empezó entonces mi infierno; él cambió conmigo pero yo estaba tan ciega que me casé en contra de la voluntad de mis padres.

Desde el primer día que viví con él mi vida cambió; tenía siete meses de embarazo cuando me golpeó por primera vez sin importarle mi condición, al grado de que a patadas trató de sacarme del auto, el cual llevaba de madrugada a toda velocidad. Gracias a Dios mi hijo nació bien, dos años después nació mi segundo hijo, entre golpizas, celos, malos tratos y amenazas; vivía aterrorizada al lado de una persona con problemas de alcoholismo y drogadicción.

Muchas veces intenté separarme de él, pero siempre regresaba. Para mí era muy difícil pues trabajábamos en el mismo lugar y me celaba con todo mundo. Me aislé hasta de mi familia con tal de evitar problemas, pero no le daba gusto con nada, era una locura y no tenía un momento de paz. No me atrevía a regresar a mi casa, me daba vergüenza que supieran lo que sucedía. En varias ocasiones me golpeó hasta cansarse, porque llegaba muy borracho; recuerdo una en que llegó acompañado de un tipo, con el cual me negué a tener relaciones. Al final logré separarme, pero una ocasión me forzó a tener relaciones y me embaracé de mi tercer hijo; lloré como loca e inclusive llegué a pensar en abortar. No lo hice y hoy tengo un hijo hermoso como los dos anteriores.

Después de varios intentos logré divorciarme y pude darles una carrera a mis hijos. El mayor es cirujano oncólogo, el segundo es ingeniero electrónico y el menor está en plena adolescencia; no sé si por la forma en que fue concebido es un chico con problemas de obesidad, tengo muchos problemas en mi relación con él y me siento culpable porque no he sabido ser la madre que necesita. No he podido tener otra pareja, prácticamente no tengo amistades y vivo muy aislada incluso de mi familia; todavía me cuesta mucho trabajo relacionarme con los demás, sobre todo con los hombres y en el fondo esto me hace sentir muy triste.

Físicamente trato de mantenerme bien, pero en el fondo me siento muy sola y no quisiera irme de este mundo sin saber lo que es tener una verdadera pareja. Siempre que puedo escucho sus programas, que me han ayudado mucho pero siento que no avanzo.

Doctora, disculpe haberme extendido tanto, pensé mucho antes de escribir esto, pues me resulta muy doloroso, pero ya no quiero sufrir y quiero conocer la felicidad. Le agradezco su tiempo y su ayuda, la quiero mucho, que Dios la bendiga hoy y siempre.

Nancy Bermejo

Nancy nos comparte su historia de amor sin sentido. A lo que más bien denominaremos obsesión. Historias como estas llegan a diario a mi correo. Si aún duele es que no ha sanado. Por ello, te invito a que tomes conciencia. Amar de manera ciega a un hombre es una adicción. Y como toda adicción, destruye.

No basta con leer varios libros o escuchar programas de superación. Hagamos cambios para salir de este callejón sin salida.

Para abrir los ojos

El complejo de Campanita

Igual que el personaje que lo inspiró, no sabe lo que siente. Siempre está confundida y actúa como si fuera vulnerable. No utiliza la razón para resolver sus problemas. No somos hadas. No ocurrirá nada mágico con el hombre que eliges. Se más responsable, por favor.

En cada capítulo

Haz un alto y sé sincera.

Antes de este capítulo pensaba que:

____

____

____

____

____

Ahora después de leerlo, pienso que:

____

____

____

____

____

Un riesgo que pienso correr para salir de mi rutina y que facilite mi proceso de sanación es:

____

____

____

____

____

Lo que te choca te checa

Cuando fijas bien los límites en tus relaciones...

Tienes preferencias claras

Sabes lo que te hace feliz

Sabes lo que no te hace feliz

Confías en tu intuición

Respetas tus límites

Eres consciente

5
Secretos para enamorar

¿Quieres saber cómo atraer al hombre de tus sueños? Sencillo. Eres un magneto de energía que atrae energía similar a la que emanas. No existe fórmula que te dé poder sobre los hombres. Tú atraes al tipo de pareja que necesitas en ese momento de tu vida. ¿Cómo quieres que un hombre te ame, si estas lejos de sentir amor por ti? ¿Cómo puedes quererte? ¿Cómo puedes atraer a alguien perfecto para tu vida?

Que tal si comenzamos por definir qué queremos atraer. Esto es una especie de filtro energético. Hay una frase que me encanta: "Lo que sea que busques también te busca a ti".

Y si nos está buscando. No hay nada que tengamos que hacer. Al contrario con tanto movimiento y esfuerzo sólo nos perdemos.

Nadie te trata más bien,
ni más mal de lo que te tratas a ti misma

Te comparto el siguiente correo que recibí hace unos días.

> La verdad sí viví la infidelidad con una de mis parejas. Ocurrió hace cuatro años después de tres años de relación. Fue algo muy difícil, pero empecé a notar cambios en él; salidas

sin razón a la calle, mantenía su teléfono siempre cerca de él, y si sonaba se salía a hablar a otro lado. Un día lo confronté y le pregunté que si algo le pasaba, porque lo notaba distante. Me dijo que no era nada, sólo pasaba por un mal momento. Un día por casualidad accedí al historial de su teléfono a través de nuestra compañía telefónica y encontré muchas llamadas y textos a todas horas del día a un numero específico. Al principio no le di importancia, pero después fui más curiosa y noté que era algo constante. Al poco tiempo encontré la factura de un hotel a su nombre y entonces lo enfrenté. Claro que negó todo y dijo que le había hecho el favor a un amigo. Yo no me quedé tranquila con sus excusas, y el seguía con los cambios de actitud. Un día nos reunimos con unos amigos y le pedí a la esposa de su mejor amigo su número de telefóno para seguir en contacto y cual fue mi sorpresa al descubrir que era el mismo número al que mi marido llamaba con frecuencia. Fue algo devastador, no supe que hacer, sólo sentí que la sangre me hirvió por dentro. Me contuve y lo confronté, le dije que fuera sincero y lo siguió negando; le dije quién era la persona, y sólo entonces lo aceptó. Estaba muy dolida y a los pocos días me buscó y me pidió que no me fuera de su vida que estaba confundido y que sabía que esa persona era prohibida. Accedí porque no tuve el valor suficiente para dejarlo, pensaba que no debía tirar esa relación a la basura por un "resbalón". Así que lo perdoné; al poco tiempo descubrí correos electrónicos donde se confirmaba que sí habían tenido una relación íntima y decidí terminar con la relación. Seis meses después, me contactó para pedirme perdón y decirme que quería recuperar su vida conmigo, que lo otro había sido un error. Intentamos salir como amigos pero me di cuenta que cada vez que lo veía esa herida estaba presente. Tiempo después me di cuenta que no había dejado a aquella mujer, y que quería tener a las dos. Ahora estoy segura que fue la mejor decisión de mi vida, porque destruyó mi confianza. A pesar de los años esa herida me dejó un mal sabor de boca. No desconfío de las personas a menos que me den razones para hacerlo.

Es muy difícil perdonar, pero también hay que estar seguras de que somos víctimas de la infidelidad, ya que en ocasiones puede ser sólo producto de nuestra imaginación, equivocarnos y destruir una relación por nuestras inseguridades.

Patricia Reyes Martínez

Cuando un hombre quiere estar contigo, no se arriesga poniéndote el cuerno. Me disgusta mucho la serie de consejos que durante años se han transmitido de generación en generación, de mujer en mujer para conocer y enamorar a un hombre. Te invito a cuestionarlo y romper esquemas mentales. De ti y de mí depende.

Las mujeres que enamoran a los hombres, no les dan mucha importancia.

Yo siento que si nos creemos esta afirmación, más que una relación de pareja parecerá un juego de a ver quién cede primero.

Si eres algo que él no puede tener, te volverás un desafío. ¡Por Dios, que triste pensar así! Porque volverte un desafío. ¿De qué se trata? ¿Cuál es la competencia? ¿Cuál es el trofeo?

Antes del sexo, el hombre no piensa con claridad y la mujer sí. Después del sexo, ocurre lo contrario, el hombre piensa con claridad y la mujer no. Por qué habríamos de pensar que nuestra sexualidad determina nuestro valor. Después se tienen que trabajar los problemas que genera la falta de apetito sexual.

Cuando una mujer aparenta ser capaz. Se queda sola. ¿O sea que para tener pareja debo parecer tonta? Mejor ya no sigo con la lista interminable de recomendaciones para atrapar pareja.

¡Qué tal si nos valoramos más y simplemente no hacemos nada por enamorar a un hombre! Nada que no implique sentir amor por ti misma.

Antes de pensar en una pareja comienza por pensar un poco más en ti. Contéstame honestamente las siguientes preguntas. Si a todas respondes que sí, este es un buen momento para iniciar una relación de pareja. Si tu respuesta es no. No hay prisa. Date tu tiempo. Para mí estos serían los secretos para enamorar a un hombre:

1. ¿Te aceptas totalmente?

Antes de esperar relacionarme con otro ser humano trataría de aceptarme formalmente. El problema es que lo que piensas de ti misma influirá en tu toma de decisiones. Qué piensas de ti determina tu manera de caminar por esta vida. Aún más, ¿por qué piensas que Dios determina tu presente?

Es más fácil vencer el rechazo de los demás si tú te aceptas. Una mujer que se acepta a sí misma, vive sin miedo. Es libre y auténtica. ¿Quieres tener el control de tu vida? Sencillo, sólo acéptate.

En una historia bíblica, que por cierto disfruto mucho, se hablaba de dos mujeres María y Martha. Martha era muy trabajadora, hiperactiva y gustaba de atender muy bien a sus invitados. Así que madrugó para recibir a Jesús y aun así no terminó de poner orden. María en cambio se sentó a los pies del invitado, aun cuando no había terminado sus labores, a escuchar al maestro. Jesús viendo la molestia de Martha le dijo: "Martha, Martha, afanada estás con muchas cosas". Esas palabras la hicieron reflexionar sobre sus quejas y sus prioridades. ¿Aceptamos dedicar nuestro tiempo a lo que más deseamos?, o como Martha estamos tan atareadas que ya no sabemos valorar qué es lo que deseamos.

Te comparto esta reflexión porque para poder aceptarnos tenemos que disponer de tiempo suficiente para conocernos y sólo después poder aceptarnos.

Te vuelves un ser individual y única al aceptarte. Aceptación de sí misma es igual a calma mental. Una mente calmada es una mente sabia.

Una mujer que descubrió como aceptarse deja de verse con los ojos de los demás. Se convierte en su mejor amiga. Esta más al pendiente de sí misma. Tiene muy clara su identidad personal. ¿Vives tu vida por ti misma?

Aceptarte implica estar dispuesta a ser quien eres. Conectarte con tu sabiduría interna, imponer tus propias reglas de vida.

2. ¿Tienes una definición de lo que es el amor?
No considero que haya amor sano o amor enfermo. El amor es. Lo que no es amor será miedo, odio o cualquier otra cosa. Pero, ¿qué es para ti el amor?

El amor saca lo mejor de cada uno de nosotros; da salud, paz y felicidad. Pero no estoy hablando del amor abocado al otro. Para amar al otro deberías sentir amor por ti misma.

¿Te amas?, ¿cuánto? Ama a tu prójimo como a ti misma. ¿Cómo te amas a ti? Es muy fácil saberlo. Cuando te amas llenas todas tus necesidades y tratas de proporcionarte todas las comodidades que puedes.

¿Por qué muchas mujeres vivimos relaciones tormentosas cuando tienes oportunidad de relacionarte armoniosamente?

Tal vez porque nos aferramos a patrones del pasado como si fuera un reto a vencer. Lo cual es totalmente absurdo. Ya se comentó bastante que la elección de pareja es la búsqueda inconsciente de un trato similar al padre y a la madre que nos tocó, lo cual nos da sentimiento de algo conocido. Esto quiere decir que si tuve una relación de amor disfuncional o desafortunada con mis padres tendré una repetición automática. A lo que se le llama elección inconsciente de pareja.

3. ¿Cómo amarte a ti misma puede influir en tú selección de pareja?
Hay desde luego ciertos rasgos conscientes preferentes al elegir a nuestro compañero de vida. Pero otros son inconscientes relacionados con la forma de convivencia con los padres.

Te comparto más a detalle; niñas que fueron maltratadas o ignoradas son adultos con dificultades a la cercanía. Sin embargo, la visión mágica de la pequeña en la que busca creer que algo cambiará la historia, rescata la mente de estas pequeñas inmersas en relaciones destructivas.

Con el tiempo al persistir el problema esa visión mágica se convierte en una verdad absoluta.

4. ¿Pero cómo sentir amor por nosotras mismas?

Recuerda que nadie puede dar lo que no tiene. Así que para amarnos debemos comprometernos con nuestro interior en libertad con un enfoque centrado en ti misma en el cual puedas salir adelante sola, lo que te llevará a buscar la independencia emocional. Sin embargo muchas mujeres están más centradas en que otros estén bien. Nos la pasamos haciendo cosas para los demás. Vivir obsesionado histéricamente con la aceptación. Pegándose como garrapata a la primera persona que tire migajitas de cariño, por lo que la simple amenaza de abandono nos paraliza. Estamos más dirigidas a que nos amen con la finalidad de sentirnos vistas. Pues se nos forma para depender. Las mujeres tienen menos contacto físico con la figura paterna, que los hombres con la figura materna, lo que nos hace más vulnerable a la dependencia emocional.

Una mecánica familiar disfuncional genera la formación de mujeres incapaces de concluir con relaciones destructivas. No son capaces de distinguir emociones desagradables, todo es muy difuso, se pierde el control y sentido de su vida, lo que llega a dañar la salud y perder el deseo de crecimiento.

Para que nos quede más claro el grado de desamor hacia ti misma es proporcional al grado de tolerancia a conductas inapropiadas por parte de nuestra pareja.

Hemos recolectado una serie de modelos incuestionables del trato en la pareja y de respeto a nosotras mismas, aunado a nuestra baja autoestima, miedo a ser abandonadas y desvalorización permanente, terminamos por proyectar en la pareja una serie de cualidades que según nuestro punto de vista serían nuestra salvación, lo que provoca que busquemos de manera permanente lo que nos hace sufrir.

5. ¿Cómo saber si me amo?
Tolero la crítica sin problema. Pues la definición de quien soy no depende de los demás.

- No reacciono agresivamente.
- Cubro todas mis necesidades.
- Tengo emociones equilibradas y objetivos claros.
- Controlo mi conducta personal.
- Cuido mi salud física.
- Tengo una economía estable e incluso abundante.
- No busco rescatar ni cambiar a nadie.
- No idealizo las relaciones.
- No me aferro a nada ni a nadie.

6. ¿Cómo saber si no me amo?
Si experimentas alguno de estos sentimientos:

- Apego
- Sufrimiento
- Celos
- Miedo a la pérdida

- Miedo a la soledad
- Ansiedad
- Resentimiento
- Enganche emocional con la pareja
- Inestabilidad emocional

7. *¿Puedo aprender a quererme?*
Amarte a ti misma es indispensable para tu salud mental. Si te tratas con afecto y cariño es como si cuidaras a tu niña interior. Para comenzar presta atención a tus necesidades.

8. *¿Qué no es amor?*
- Impaciencia
- Desconfianza
- Insatisfacción
- Falta de compromiso
- Indiferencia

8. *¿Sientes confianza en ti misma?*
Confías en ti cuando puedes ver tu pasado y no hay problema. Cuando siempre aprendes de tu experiencia cualquiera que ésta sea. Cuando percibes que puedes lograrlo todo.

9. *¿Disfrutas la soledad?*
Quien tiene miedo a la soledad se percibe débil, incapaz de cuidarse a sí mismo, elude a toda costa estar solo.
- ¿Eres incapaz de estar sola?
- ¿Te sientes abandonada?

- ¿Eres capaz de soportar cualquier agravio de tu compañero con tal de no verte cara a cara con la temida soledad?
- ¿Buscas mantener la relación a toda costa?
- ¿Eres de quienes se quejan de su pareja pero sigue ahí?
- ¿Estas sola? ¿Qué puedes hacer? ¡Ámate!
- Deléitate con tu compañía. Disfruta de tu espacio, de tu compañía. Derrama tu amor por todo tu entorno. No llenes tu soledad.

10. ¿Cómo puedo disfrutar si estoy sola?
No te sientas culpable. La soledad es equivalente a la libertad. La libertad es atrayente. Una mujer que disfruta su soledad es quien sabe despertar pasión en la pareja, cuando esta aparezca como una oportunidad, no como un relleno.

Ámate... no tienes nada que perder. ¿No es pecado? No. Haznos un favor a todos los que te rodeamos y quiérete más mujer. ¡Querámonos más!

Conozco un método que puede ayudarte a disfrutar de la soledad. La meditación. ¿No te das cuenta que más que amar sientes apego por tus hombres?

11. ¿Ésta es la primera vez que estás consciente de tu soledad?
La soledad te ayuda a liberarte del miedo y te vuelve poderosa. Date permiso de estar sola. Te sorprenderás al descubrir necesidades. ¿Cómo comenzar? Comenzar es innovar. Actúa, descubre quien eres.

Busca en tu soledad. Disfruta cada momento. Pierde el interés por lo que sucederá. Antes estabas tan pendiente de él. Hoy sólo tienes que estar pendiente de ti. Descubrir como complacerte.

Ejercicio

Compra una planta. Ve a un vivero y elige una. Adóptala. Su nombre, "soledad". Te mostraré una serie de actividades que disfrutarás en el camino del amor a ti misma.

Escribe en un papel tu definición de soledad. Entiérralo en tu planta. Vuelve a leerlo dentro de una semana. Luego quema el papel y deposita las cenizas en tu maceta. Remueve bien la tierra.

12. ¿Qué hacer para no morir de soledad?

Tomaste la decisión de estar sola desde el corazón. Te nació del alma. Una de mis alumnas me contaba que cuando no estaba su marido no encontraba sentido a vestirse, cuidarse, maquillarse, peinarse. Pareciera que si no está la pareja no hay motivación.

La soledad puede ser la oportunidad de autodescubrirte; puede invitarte a explorar experiencias nuevas, volverte más atrevida. Puedes romper costumbres y hábitos.

El apego viene de nuestra baja autoestima, de la búsqueda de aprobación. De tu dependencia. De esa necesidad de darlo todo por un compañero. De la patética frase, "me muero sin ti". Nos aferramos al concepto de tenernos o poseernos como pareja.

Pareciera que las mujeres solemos definirnos a nosotras mismas a través de nuestra pareja, terminamos sintiendo que valemos en tanto tenemos una. Sentimos como tragedia acabar solas.

13. ¿Eres tal y como te muestras ante los demás?
Eres una mujer de carne y hueso. No una princesa perfecta. Sin embargo te prometí secretos para enamorar a un hombre y no quiero desilusionarte.

Compartiré contigo algunos ejercicios que mejorarán tu creatividad, estos ejercicios son anclajes positivos para tu cerebro.

- Busca un espacio personal en tu casa. Donde sea tu desierto personal. Decóralo a tu gusto. En este espacio tendrás todo lo relacionado con lo que para ti es una pareja.
- No busques el amor. Vuélvete amor.

No tengamos miedo a la soledad. La soledad es esa amiga que nos permite abrir los ojos. La soledad desvanece nuestra apariencia y nos desnuda ante nuestro espejo. La soledad es la verdad. La libertad, la sinceridad, la transparencia, la nobleza y el descubrimiento.

El secreto para enamorar a un hombre radica en no hacer nada. Dejar hacer su obra a Dios. Gozar de paz interior y entrar en ritmo con el universo. Cuanto más tiempo dediques a gozar de tu espacio de encuentro personal con el amor, más amor te volverás.

Sólo a través de la soledad te liberas de tus apegos. Jesús buscó el desierto para prepararse en su misión. El desierto no significa ausencia. El desierto significa el encuentro con tu alma.

Sé amorosa e incondicional contigo misma. Ámate sin condiciones ni medida. Sé constante, dedícate completamente a cuidar de ti.

Para abrir los ojos

Complejo de Caperucita

Es la clásica mujer que capaz de arriesgar su salud o sus necesidades con tal de "ayudar a los demás". "No hay problema, cuentas conmigo". ¿A qué precio?

Detrás de su conducta se esconde un miedo intenso a perder afectos y a no ser querida. Por eso busca aprobación constante.

En realidad busca llenar su necesidad excesiva de amor, sería urgente que aprendiera a decir no.

En cada capítulo

Haz un alto y sé sincera.

Antes de este capítulo pensaba que:

____

____

____

____

____

Ahora después de leerlo, pienso que:

____

____

____

____

____

Un riesgo que pienso correr para salir de mi rutina y que facilite mi proceso de sanación es:

____

____

____

____

____

Lo que te choca te checa

No volveré a rechazarme,

maltratarme o avergonzarme de mí.

Desde hoy me acepto tal y como soy.

Disfruto de quien soy y de lo que la vida me brinda.

Hoy me observo como un templo viviente.

6

¿Dónde está el amor verdadero?

El amor verdadero es ausencia de dependencias. El amor comienza en cada una de nosotras. Eres la responsable de la clase de pareja que eliges. ¿Has observado cómo amas?

¿Cómo fue tu primer amor? Descríbelo en cinco renglones. (Me refiero a tu madre).

____

____

____

____

____

____

____

¿Cómo fue tu primera relación de noviazgo?

____

____

____

____

____

____

____

¿Qué tan aceptada, acompañada, consentida, reconocida, amada te has sentido por tus parejas?

____

____

____

____

____

____

La forma en como tu madre te amó influye en la forma en que te amas a ti misma. No hay mujer en el mundo que no desee ser amada, pero ¿qué es el amor? ¿Cuándo amamos dependemos?

El apego se nutre de nuestros miedos. Debido a éstos sufrimos, y nos vuelve merecedores de una vida mediocre y sin sentido. ¿Entendemos que nada ni nadie es eterno? Por eso deberíamos viajar ligeros de equipaje. Y eso se aplica también en el amor.

Define lo que para ti es el amor.

____

____

____

____

____

____

____

____

Ahora, escribe una definición de amor como la relación de pareja que viste con tus padres. No olvides nada: indiferencia, golpes, miedo, etcétera.

Melisa es una mujer de apenas 28 años, con una historia de relaciones de pareja muy interesante. Es una mujer hermosa. Empezó su vida amorosa a los 19 años cuando se enamoró de un compañero de escuela. Se hicieron novios y al año de salir, su novio le confesó que estaba enamorado de su mejor amiga. Así que nuestra amiga tuvo dos pérdidas: su novio y su mejor amiga. Dos años después cuando Melisa tenía 21 años tuvo otro novio que le era infiel todo el tiempo. Duraron dos años juntos y terminaron de una forma tormentosa.

A los 25 años se hizo novia de Rolando un hombre dominante y controlador con el que se casó. Antes de cumplir un año de matrimonio le fue infiel con su secretaria. Melisa lo perdonó. No tuvieron hijos e intentaron construir una relación estable. Sin embargo, una semana antes de cumplir tres años de casados, Rolando le confesó que ya no la amaba. Melisa desesperada trató de suicidarse. Afortunadamente no lo logró.

¿Qué hace que recibas amor o rechazo? Elaboré una serie de preguntas que te pido respondas comparando la historia de Melisa y tu propia historia de amor.

1. ¿Por qué la fantasía de fundirte en el otro se convierte en una expresión manifiesta de lo que es amar?
2. ¿Por qué aguantar una relación que nos hace sentir bondadosas y hasta orgullosas?
3. ¿Por qué adherimos etiquetas absurdas a la palabra amor como siempre, nunca, jamás?
4. ¿Por qué la mujer adopta un modelo que la deja sumamente vulnerable?
5. ¿Por qué nos perdemos en una relación de pareja?
6. ¿Qué es aguantar por amor para las mujeres?

Te comparto las respuestas de una mujer como tú y como yo.

Respondo tus preguntas de acuerdo con mi vida:

1. En mi caso mi padre nos abandonó cuando yo tenía siete años e idealizaba que si podía retener a un hombre, justificaría que yo no había sido el motivo por el que se había alejado.
2. Por miedo a la soledad, miedo a ser juzgada, porque vivo con tres tías que no se casaron; mi mamá es madre soltera y ninguno de mis hermanos se casó, viven en unión libre. Miedo a repetir la historia de infelicidad, gritos y frustración de mi familia.

3. Creo que por la etiqueta de que mi padre "jamás" regresó (porque ya murió) y mi madre "siempre" esperó su regreso.
4. Tengo una amiga que me decía, "si te fijas en el dinero no lo amas", porque le prestaba dinero a mi ex y luego le cobraba. A veces nos ponemos vulnerables por necesidad de aceptación por parte de la sociedad, para ser vistas como Sara García o como la madre de Pedro Infante en "La oveja negra", quien era una santa porque daba todo por su marido. Aún somos víctimas de las imágenes de bondad y abnegación. Y en parte es falta de autoestima, porque en la familia nos inculcan que sin un hombre no valemos. En mi caso, en mi casa no me trataban bien, y pensaba de mi exnovio que al menos no me decía groserías y me escuchaba. Vivía en mi casa sin pagar renta, pero él me rescataría, nos casaríamos y me sacaría de mi casa.
5. Al principio de la relación yo estaba muy delgada, pero él se sentía menos. Me lo llegó a decir que no me merecía; también me sentía mal, porque me llevaba bien con sus amistades y él no. Dejé de salir y arreglarme, porque en la calle me volteaban a ver más a mí que a él. Nos ocultamos para que ellos se vean y se luzcan. Para que los demás vean que no está tan peor.
6. Pensaba cómo lo voy a dejar, no voy a encontrar a alguien tan maravilloso. Los novios que tuve antes eran peores; no me puedo quedar sola, si el amor

> todo lo perdona y todo lo cura, si no soy capaz de mantenerlo a mi lado fracasé y algo está mal en mí, soy yo la del problema.

> En mi caso desde niña deseaba obtener la aceptación de mi madre, quien no nos abrazaba ni demostraba cariño, alegaba que mi abuela fue igual con ella. De mi exnovio quería obtener la aceptación, la comprensión y el apoyo emocional que no tenía por parte de mi madre y mucho menos de mi padre.
>
> Gloria Nájera

Las películas y las canciones nos muestran un amor que duele, un amor tormentoso, un amor rescatador, un amor pasional, un amor que mata.

¿Pero existen componentes del amor? ¿Lo estaremos confundiendo con la pasión romántica? ¿El amor daña la salud? ¿Por qué hay que soportar tanto sufrimiento? ¿No podría ser fuente de seguridad, tranquilidad y bienestar mutuo? ¿Qué pasaría si así fuera?

¿Qué tipo de novelas, cuentos o historias de amor viviríamos si reuniera estos tres componentes? ¿Te imaginas? Tus padres siendo vivo ejemplo de seguridad en la relación. Estaremos aquí porque tomamos una decisión responsable y estamos conscientes de que si tenemos dificultades podremos buscar herramientas para resolverlas.

Una relación de pareja llena de armonía. En la que ambos miembros de la pareja trabajen arduamente en buscar el bien del otro. ¿Parece un sueño? Pero entonces, el conflicto, los gritos, la lucha constante, el abandono, celos y traición es lo "normal". Me rehúso a aceptarlo.

¿Cómo aprender a amar de forma verdadera?

¿Quiénes serían nuestros modelos de amor? ¿Qué expectativas tienes de una pareja? Una relación de pareja con expectativas claras y expresadas abiertamente. Ilusiones y confianza, comunicación asertiva, descubrimiento constante, responsabilidad personal, ausencia de juicios y compromiso es la fórmula correcta de un amor verdadero.

Una relación de pareja basada en un amor verdadero crece y se fortalece con el tiempo.

El peligro está en las expectativas no comunicadas

En una relación, antes de vivir juntos debemos hablar del tiempo libre, el área espiritual, economía, vacaciones, trato diario, contacto, sexualidad, paciencia, salud, enfermedad, limpieza y orden, servidumbre, comida casera, fidelidad, gastos de casa, compañerismo, ser padres, etcétera.

Para vivir el amor verdadero, primero deberíamos tener una definición clara de lo que es para nosotros el amor. Después compartirla con la persona que nos interesa, nuestra posible pareja. Estar conscientes si esperamos algo similar entre los dos.

Para amar necesitamos un requisito indispensable "ser libres". Y lo más importante permanecer libres sin olvidar jamás nuestra identidad. Eso representa ser honestos y coherentes.

El amor te vuelve honesto

Para hablar del verdadero amor tendríamos que vivir con ausencia de máscaras. Por tanto, al ser verdaderos encontraríamos la paz que regala el amor. El amor se expande sin tener que hacer nada. El amor nace en ti y jamás muere aunque tu cuerpo muera. Nacemos, estoy segura, dotadas con todo para ser amor. Para amar verdaderamente:

- Sé quien eres.
- No seas perfecta.
- No esperes un hombre perfecto.
- Una relación de pareja es un espejo y refleja lo que ocurre en tu interior. Si eres infeliz atraerás parejas infelices. Si eres traidora atraerás parejas traidoras.
- Recuerda, al encontrarte con una pareja tú eras libre y tu pareja también. Después de enamorarse deben cuidar que así siga.
- El amor verdadero vive sin agonía.

¿Te has enamorado?

Para abrir los ojos

Complejo de patito feo

La mujer que se siente diferente a su familia, excluida en los eventos más importantes. Quisiera ser como el resto del clan pero no puede ni quiere. El problema es que sufre mucho y no se da cuenta de la admiración que despierta en los que no son parte de su familia.

En cada capítulo

Haz un alto y sé sincera.

Antes de este capítulo pensaba que:

____

____

____

____

____

Ahora después de leerlo, pienso que:

____

____

____

____

____

Un riesgo que pienso correr para salir de mi rutina y que facilite mi proceso de sanación es:

____

____

____

____

____

Lo que te choca te checa

La libertad es tu mayor atractivo.
Puedes decir sí o no según te convenga.
Sigue tu intuición. Puedes elegir libremente
a quien comparte tu tiempo y espacio.
Tu libertad no tiene costo; es tu derecho
a ser tú misma libre y sanamente.
Se digna y conquista tu respeto día a día.
Recuerda, sé siempre libre.

7
Consejos para sanar tu vida amorosa

Mi madre me cuenta que no recuerda mucho de cuando yo estaba en su vientre; ella vivía muy estresada cuidando de sus otros hijos, atendía la casa y cuidaba a mi papá. Cada embarazo, mi mamá lo vivió con mucho estrés, dicen que por la extrema pobreza en que se encontraba. Tuvieron 10 hijos y yo fui la menor.

Yo no me movía mucho en su vientre. Cuando nací, dice que no era nada latosa, ni traviesa, era muy tranquila, pero me dice que me amarraba cuando ya podía gatear y caminar para que no me lastimara porque ella estaba muy ocupada y no me podía observar todo el tiempo. Alguna vez me platicó que a los dos años estuve a punto de morir; al parecer me comí un plástico que se me pegó en el estómago y que cuando me llevaron al hospital los doctores dijeron que tenía muy pocas esperanzas de sobrevivir.

También me contó que en mi niñez yo siempre fui una niña muy tímida y callada, que no jugaba mucho con los niños. Recuerdo la etapa de cuando me mandaron al kínder; mis padres y mis hermanos, un total de 12 personas, dormíamos en la tierra y la casa era de piedras sobrepuestas y un techo con lámina de cartón. Yo tenía mucho miedo cuando había tormentas porque siempre nos mojábamos y el suelo me lastimaba la espalda. Mi papá golpeaba mucho a mis hermanos mayores todo el tiempo, yo no entendía porque lo hacía tan salvajemente, eso me daba mucho miedo. En ese tiempo mi papá era un alcohólico que se emborrachaba todos los días y llegaba a la casa muy enojado. Ofendía a mi mamá y golpeaba a mis hermanos mayores. A edad muy temprana, mis padres me mandaron al D. F.; a mi hermana y hermano mayores, no los volví a ver. En la primaria recuerdo haber sido muy tímida y penosa, cuando alguien me ofendía o cuando los niños me levantaban la falda sólo lloraba. La verdad nunca me defendí. Era una niña muy aplicada en la escuela, en la primaria y la secundaria siempre saqué muy buenas calificaciones. Tenía miedo de sacar malas notas porque mi mamá me decía que me golpearía. Como a los ocho años empecé a darme cuenta que mi papá le era infiel a mi mamá con varias mujeres, porque había muchas peleas entre ellos, pero también mi mamá le era infiel con dos o tres hombres. Recuerdo que mi mamá me hacía escribir cartas a uno de estos señores con quien andaba; era un vecino, pero entonces vivía en Estados Unidos. Yo no entendía porque mi madre me hacía escribir esas cartas y me advertía que nadie lo podía saber.

Después me di cuenta que estos amantes la ayudaban con dinero para que pudiéramos comer. Presencié varias ocasiones cuando mi mamá tenía sexo con ellos; quizás ella pensaba que yo era muy pequeña y no entendía.

A los 12 años, el vecino me dijo que sospechaba que yo era su hija. Nunca le dije nada a nadie. También recuerdo que mi mamá era muy violenta y me golpeaba muy feo cuando según ella yo no le hacía caso.

Cuando empecé a menstruar, mi mamá nunca me compró toallas higiénicas, usaba periódico o trapos, e incluso me preguntó si mi papá me había tocado. Mi mamá no era tan cariñosa conmigo como lo era mi papá, pero después por su alcoholismo todo cambió. En mi familia nunca se habló de sexo y mis padres no nos mostraban afecto, yo creo no sabían expresarlo porque nunca nos dijeron un "te quiero".

Cuando terminé la secundaria quería seguir estudiando pero mis papás ya no pudieron ayudarme económicamente y me dijeron que tenía que empezar a trabajar para ayudarles. En mi niñez y adolescencia siempre viví muy avergonzada de la extrema pobreza que vivíamos y me daba mucha tristeza ver que todas mis compañeras de escuela seguían sus estudios.

A los 15 años conocí a Ángel, quien tenía 35 años, y le había dicho a mis padres que le gustaba para casarse conmigo.

Ángel trabajaba en Estados Unidos y estaba muy bien económicamente. Recuerdo que toda mi vida dormimos todos en la misma cama, pues sólo teníamos un cuarto pequeño que era dormitorio y cocina a la vez. Ángel les dijo a mis padres que él cuidaría muy bien de mí y que también les ayudaría a salir de su pobreza. Yo no quería casarme tan joven y este señor no me gustaba, también me aterraba dejar de ver a mis padres. Ellos sugirieron que era lo mejor para todos y me obligaron a casarme por el civil. Inmediatamente después de casarnos él le dio un dinero a mis padres y me llevó de manera ilegal a Estados Unidos con uno de mis hermanos mayores. Al principio se portaba cariñoso, estuvo unas semanas sin tocarme pero cuando tuvimos sexo me dio mucho asco; tenía mucho miedo de quedar embarazada, porque yo no lo amaba. Lo convencí de que era muy joven y que esperáramos un poco; él accedió, pero no me llevó a una clínica para que me dieran anticonceptivos, sino que simplemente eyaculaba fuera de mí. Como a los seis meses, Ángel me buscó trabajo limpiando casas, no hablaba inglés y sólo tenía contacto con él, quien me aislaba mucho; no tenía amistades. Como a los cuatro meses de vivir con él empezaron los golpes, porque él decía que no era cariñosa y el sexo era a la fuerza; tenía mucho miedo de quedar embarazada. Un día conocí a una amiga de mi hermano mayor y le pregunté si ella sabía de alguna clínica, dijo que sí y se ofreció a llevarme. Por casi un año tomé pastillas anticonceptivas a escondidas, hasta que Ángel se dio cuenta y la pasé muy mal. Me dijo que ya era tiempo de tener un hijo, así que escondí las pastillas en mi trabajo para que él no las encontrara y le inventé que tenía mucho dolor en el pecho y que estaba enferma. Me creyó, pero pocos meses después me llevó a México para que un doctor me examinara. De tanto que le hablaba de mi enfermedad, resultó que tenía un quiste en el seno que me tenían que operar.

Convencí a mi hermana mayor, quien es enfermera, para que hablara con Ángel y lo convenciera de que teníamos que esperar a que el quiste creciera más y que no era bueno tener hijos por el momento. Así pasaron dos años más y por fin me operaron. Las peleas seguían y cuando ya no tuve más excusas tomé pastillas a escondidas. Lo convencí que me dejara trabajar en una fábrica de teléfonos; pero él era muy celoso y no quería que hablara con nadie. En esta fábrica conocí a una muchacha que rentaba un cuarto a bajo costo y me dijo que podía ir a vivir con ella. Yo ganaba lo suficiente y podía mantenerme sola. Este hombre siempre me mantuvo trabajando largas horas para ayudarle, aunque también me permitía mandarle dinero a mi familia. Hasta el día de hoy todavía ayudo a mis padres económicamente. Mis padres siempre me hicieron sentir responsable por ellos.

A los cinco años de vivir con Ángel decidí divorciarme e irme. En este tiempo lo habían metido a la cárcel por un par de días por andar con prostitutas y usé eso como pretexto. Le dije que si no me dejaba ir le diría a su familia el motivo por el que él fue a la cárcel. Él se enojó mucho y se golpeó, eso me asustó, pero de cualquier forma me fui. Después de unos meses logré rentar un departamento que compartía con mi hermano mayor. En el tiempo que viví sola casi no tuve amistades, ni salía.

A los 22 años conocí a Juan mi pareja por más de 11 años. Él era un hombre diferente a los demás chicos que me pretendían en el trabajo. Me llamó mucho la atención su apariencia y lo inteligente que parecía. Juan vivía con unos amigos y me dijo que no tenía novia. Nosotros salimos mucho, pero tuvimos sexo después de año y medio, a mí se me hacía un poco raro pero quise pensar que él no me pedía sexo porque me respetaba. Lo que yo no sabía es que el tenía su novia en la misma ciudad donde viven sus padres y la iba a ver muy seguido. Me decía que iba a visitar a sus padres y hasta llegué a prestarle dinero para que fuera a verlos cuando realmente iba ver a su novia. Con Juan experimenté mi primer orgasmo; creo que esto me enamoró mucho más de él. Para este tiempo sus padres le ayudaron a comprar una casa para que viviéramos juntos. Los padres de mi pareja siempre fueron muy buenos conmigo. Cuando el contrato de mi departamento se iba a vencer, Juan me convenció de vivir juntos y prometió que nos casaríamos lo más pronto posible. Estuvimos más de tres años sin tener hijos, nuestra relación no era muy buena, porque era muy berrinchuda y a cada rato lo quería dejar, pero al final siempre nos reconciliábamos. Él tomaba mucho. Cuando nació mi primer hijo nuestra relación iba bien, convertirme en madre fue la etapa más bella de mi vida y era muy feliz; pero no podía creer en tanta felicidad, así que siempre me ponía muy celosa cuando lo saludaban sus amigas, me sentía muy insegura y siempre temía que me fuera dejar por una de ellas, siempre me sentí menos bonita.

El tema del matrimonio lo evitaba, me decía que no era necesario firmar contratos para que dos personas se amarán. Dos años después tuve a mi segundo hijo, esta vez una linda niña, lo malo es que este embarazo fue prematuro. Sufría mucho estrés en el trabajo y no me cuidé mucho. Durante mi segundo embarazo, mi pareja siempre me decía que quería tener otro varón, no le gustaba mucho la idea de tener una niña; se decepcionó un poco cuando me confirmaron que era niña.

Ella fue otra inmensa alegría en mi vida. Aunque después de mi parto empecé a tener ataques de pánico, es algo horrible pues sentía que me iba a morir. Mi doctora me dijo que era por estrés y que tenía que hacer unos cambios en mi vida. Trabajaba tiempo completo y llegaba a la casa a atender a los niños, hacer de comer y limpiar sin ayuda de mi pareja, pues creía que todas las responsabilidades de la casa y los niños eran de la mujer no del hombre. Empecé a sentir resentimiento porque hacía mil cosas, mientras que él sólo veía televisión.

Como a los seis años de estar juntos perdió su trabajo y decidió estudiar bienes raíces, pero como el curso era acelerado le costaría muy caro. Yo tenía mis ahorros de retiro en el trabajo y los saqué para pagarle la escuela; pero no era suficiente, así que me hizo usar mis tarjetas de crédito y acabé con deudas muy grandes que traté de pagar por mucho tiempo pero no pude. Trabajaba y cuidaba de los niños, mientras él se quedaba en la casa estudiando por internet.

En los últimos cuatro años tuvimos muchas peleas por dinero; no trabajó por más de un año y medio y eso me hacía sentir mucho coraje, porque yo sentía toda la carga en mis hombros. Nuestra relación se tornó muy fría, sentía que ya no le atraía y eso me hacía sentir muy mal. Hace dos años me enteré que me engañó con su exnovia por mucho tiempo (años). Se veían a mis espaldas y se comunicaban todo el tiempo por correo electrónico y mensajes de texto.

Siempre lo veía metido en la computadora, pero nunca se me ocurrió algo así. Antes de descubrir su infidelidad me daba cuenta que se la pasaba en el chat con mujeres, mientras hablaban de sexo, aunque él lo negaba. También un día vi su estado de cuenta con cargos de hotel en las fechas que visitaba a sus padres, lo confronté y negó que estuviera haciendo algo malo; me dijo que rentaba los cuartos para reunirse con sus amigos, por supuesto no le creí nada pues presentía que algo no estaba bien. Un día dejó abierto su correo; iba a usar la computadora cuando me encontré con todos los correos que se mandaba con su exnovia. Hablaban de lo bien que la pasaban cuando se veían y decían que se extrañaban mucho. Cuando lo confronté su única repuesta fue "lo siento", y "no hay sentimientos de por medio sólo sexo". Yo me sentí terriblemente decepcionada y con mucho coraje, le exigí que se fuera de la casa, pero no quiso; me dijo que trataría que las cosas funcionaran y estuviéramos mejor.

Por varios meses tuve que tomar pastillas para dormir porque sentía que me estaba volviendo loca. Al mes de descubrir su mentira se me ocurrió contactar a su amante y decirle sus verdades pero fue peor. Sentí horrible cuando ella me dijo que él nunca dejó de buscarla y que durante todo el tiempo que estuve embarazada fue cuando más sexo tuvieron. Tal vez ella tiene razón, mi pareja tenía fotos de su amante desnuda en su teléfono y correo electrónico. Muchas veces busqué cualquier pretexto para provocarlo y tirarle en cara una y otra vez lo mal que me hizo. Las peleas eran al punto de los golpes e insultos de ambos lados, y terminábamos durmiendo en cuartos separados por varias semanas. Llegamos a tener peleas enfrente de mis hijos, de lo cual me arrepiento. Traté de perdonarlo y olvidar, pero hasta este día cada que me hace enojar con lo más insignificante vuelven a mí todos esos sentimientos de rencor y mucho coraje y acabamos peleando. Cuando nos reconciliamos estoy bien por unos días, pero después aun durante el sexo cuando se me viene a la mente que me traicionó todo vuelve a estar mal. Hace más de un año que el decidió irse a vivir con sus padres a la misma ciudad donde vive su exnovia.

Tomó la decisión de irse para hacer más dinero y buscar una casa para nosotros, pero hasta este día no ha encontrado un lugar y aún vive con sus padres. Le va muy bien económicamente, me ayuda y es muy buen padre con los niños, pero yo estoy mal porque no le tengo ninguna confianza y pienso que aún ve a su amante. Él dice que ya no la ve y que no hay nada entre ellos, pero no le creo. Ahora me doy cuenta que son tal para cual y que se merecen el uno al otro, son igual de descarados.

Cada vez que regresa a vernos quiere que todo vuelva a ser como antes, una familia feliz y dormir conmigo, dice que me ama y quiere que estemos bien. Aun después de su traición le pedí que nos casemos pero siempre cambia el tema. He pensado seriamente en sacarlo de mi vida, pero me da mucho miedo estar sola con mis hijos. Reconozco que crecí con muy baja autoestima y soy insegura.

Mi única oportunidad de salir de esta horrible depresión fue cuando decidí buscar ayuda profesional. Me di cuenta que mi felicidad no dependía de nadie más que de mí. Entendí que si no era feliz con mi pareja era mejor terminarla al fin y al cabo ya no estaba enamorada.

Bety

En este punto, Bety tomó las riendas de su vida y buscó su propia felicidad. Se convirtió en una mujer capaz de poner límites, de cuidarse a sí misma y confiar plenamente en ella. Terminó su relación y aceptó ser responsable de su vida y su felicidad.

Aprendió a ser más positiva, a quererse mucho a sí misma y a dejar de ser víctima para convertirse en una persona victoriosa. Trabajó para mantener a sus hijos y se enfocó en terminar una carrera universitaria.

A Bety siempre le gustó la escuela, esto nunca fue un problema. Bety empezó a tener buenas amistades y por fin pudo hacer una de las actividades que la hacían muy feliz y que nunca pudo hacer: aprender a bailar salsa. Bety mantuvo una buena relación con el padre de sus hijos por el bienestar de los niños. Bety y sus hijos fueron muy felices sin necesidad que el padre viviera en casa. Bety dejó de tener miedo a la soledad. Después de algunos años, Bety conoció a un hombre maravilloso que la conquistó. Este hombre era capaz de escucharla sin enojarse, de apoyarla emocionalmente cuando Bety lo necesitaba; el hombre que complementaba su vida sin sentirse celosa o insegura. Este hombre le propuso matrimonio y Bety cumplió el sueño de su vida: casarse por la iglesia. En este caso Bety no hubiera accedido a vivir con él de otro modo. Cuando se casaron acordaron como iban a manejar sus responsabilidades económicas. Aunque Bety estaba en muy buena posición no estaba dispuesta a mantenerlo. Bety fue muy feliz con sus hijos y su esposo, juntos superaron cada obstáculo y hubo mucha armonía y comunicación sin golpes ni ofensas. Los dos hijos de Bety alcanzaron la adolescencia y fueron a la universidad. Se hicieron profesionistas e independientes. Los hijos de Bety siempre disfrutaron del cariño de sus abuelitos, tíos y primos de ambos lados de la familia. Bety se convirtió en abuela y disfrutó de sus nietos al máximo, siempre dio gracias a Dios por todo, hasta por los momentos difíciles porque yo creo que ahí es cuando creció más como persona.

Bety viajó mucho con su esposo y sus hijos, se daban tiempo para disfrutar lo bello de esta vida. A pesar de su edad Bety nunca dejó de leer y aprender algo nuevo, vivió muy feliz y murió a los 82 años. Su muerte fue muy tranquila, sin tanto dolor y con mucha paz. Yo creo que Betty ya estaba lista para irse. Su esposo ya había muerto y se sentía un poco sola. Bety pidió antes de morir que cremaran su cuerpo y tiraran sus cenizas al mar, porque siempre tuvo miedo a los lugares oscuros y le aterraba la idea de estar en un ataúd. Los hijos de Bety siempre la recordaron como una gran mamá, muy positiva, cariñosa, compasiva, fuerte contra la adversidad.

Esta es la forma en que Bety narró su historia de principio a fin como parte de un ejercicio. Bety es una mujer de 35 años que al momento de acudir estaba muy deprimida porque su pareja ya no quería seguir con ella.

¿Cómo sanar mi historia de relaciones de pareja? Te pido que hagas el mismo ejercicio. En el siguiente espacio narra tu historia desde el vientre de tu madre hasta tu muerte. Haz referencia de cómo te sentías en cada etapa, ¡hasta tu muerte! Proyectarte te permitirá conocerte mucho más.

Mi historia completa.

____

____

¿De qué te das cuenta?

____

____

____

¿Cómo sanar mis heridas por malas elecciones de pareja?

Lo primero es reconocer que cada uno es responsable de sí mismo. Si deseas un hombre que te ame y valore, deberás reconocer primeramente si te amas y te valoras.

Una pareja no te hace feliz ni infeliz. Tú ya eras feliz o infeliz antes. Primero sana tus heridas del pasado y sólo después date oportunidad de encontrar pareja.

A mi correo llegan cientos de cartas, comparto la siguiente para revisar precisamente el tema que estamos trabajando.

> Hola Blanca, buen día. Necesito ayuda. Mi relación empezó de la misma forma en que terminó: con problemas. Él fue y es un hombre casado, me buscaba pero yo no le daba pie, sólo quería ser su amiga y pues fluyó de esa manera hasta que terminamos en una relación de pareja. Él todavía con su familia y yo como la amante, a quien veía a escondidas y cuando podía; era feliz pero cada vez quería más tiempo, necesitaba más amor y le dije que así no iba a estar. Nos separamos y volvió a buscarme, seguimos juntos y un mes después se salió de su casa; le di alojamiento en el departamento de un tío. Se quedó un mes y después buscó un pretexto y se regresó a

su casa de nuevo. Esto se repitió dos veces más y en la última ocasión su esposa lo corrió, empezó a golpearlo para provocarlo y él la aventó; entonces llegó una patrulla y tuvo que irse de su casa. En esta ocasión entendí que no debía ayudarlo de nuevo y se quedó a vivir un mes en su trabajo. Él es policía y de ahí buscó dónde rentar. Sus hijos siempre le llaman para pedir dinero no para ver como está. Él dice que me ama. Yo lo amo tanto. ¿Qué futuro tengo a su lado?

Respuesta

En primer lugar querida amiga, él sigue casado. Lo cual implica que no puede ser una buena pareja para ti. Tiene muchos problemas por resolver y tú no representas una prioridad. Siento mucho decírtelo. Pero él no te toma en serio. Pero lo más preocupante es que tú tampoco lo haces.

¿Cómo sanar nuestra historia de amor?

El amor no se puede dejar a la suerte. No quiero decir que sea algo complicado, pero merece mucho respeto decirle a una persona "te amo".

Existen tantas formas de amar como personas existimos. Cada una con su peculiar característica teje alrededor de sí mismo un capullo para protegerse y entregarse a la aventura del amor.

Pero hablamos de formas, estilos variados, porque sólo puede existir el amor o la ausencia del mismo.

¿Qué nos enseñó nuestra madre sobre el amor?

Nos enseñó a esperar con paciencia. O a desesperar en su espera. A que nunca llegará, a que es violento, tranquilo, poderoso o brilla por su ausencia.

Algo definitivamente falló en nuestra historia. Le dimos al amor el poder de dirigir nuestros estados de ánimo.

- ¿Cómo pasó el amor por tu vida?
- ¿Viviste demasiados desencuentros amorosos?
- ¿Es necesario sufrir cuando se ama?
- ¿Cómo reaccionas cuando te enteras que la persona que pensabas que te amaba, te dice que no?
- ¿Quién nos prepara para el amor?

Te comparto algunas definiciones muy interesantes sobre el amor.

> El amor a mí misma me permitió saberme merecedora de lo mejor de la vida, tener en mi vida sólo relaciones enriquecedoras que ayuden a mi crecimiento y me permitan brindar lo mejor de mí. El amor a mí misma me hizo abrir los ojos y ser espectadora de mi propia vida, para darme cuenta de todo lo que hice y no hice y que en algún momento me lastimó. Y todo fue por buscar el amor que, sin saberlo, ya estaba en mí. El amor a mí misma me permitió perdonarme, soltar amarras y todo aquello que me ataba y no me permitía mirar hacia adelante. El amor a mí misma me dio la oportunidad de correr riesgos, buscar cambios,

aceptar que soy co-creadora de todo lo que me sucede y que de mí depende atraer a mi vida sólo lo que me merezco. El amor a mí misma me impulsa, me motiva a llevar de estandarte que soy una mujer segura, amorosa, guerrera.

Sandy

El amor que me tengo va más allá de cualquier estereotipo, más allá de mis defectos y virtudes. Me amo tal como soy, con mis necesidades y temores, sin máscaras.

Me amo porque me acepto, me supero, me conformo, experimento y si caigo vuelvo a comenzar. El amor que me tengo no necesita compañía, competencia, ni autocrítica. Realzo mis virtudes dentro de mi imperfección.

Nan

Si vamos captando que el amor comienza por el amor a mí misma. Que mi capacidad de amar al otro es proporcional a mi capacidad de amarme a mí misma. Que para que sienta amor por ti debes darme espacio para primero sentir amor por mí.

Hoy podría ser el principio de un nuevo rumbo para mi historia de amor. Hoy podría expresar el amor de una manera diferente. Plena y completa. Imagínate a punto del encuentro con el amor. Sientes tu corazón que no cabe en tu pecho de emoción. Estás tras la puerta que dice a la entrada: "el verdadero amor", todo puede suceder. Tienes la mano en la perilla a punto de girarla y abrir la puerta. Imagina que tu sueño de amor espera tras esa puerta. Lo que siempre soñaste y habías olvidado. ¿Estás preparada para abrir la puerta?

¿Cómo tratarás a las personas después del encuentro con el amor? ¿Estás preparada? Puedes amar intensamente y jamás saldrás dañada. Vivirás el resto de tu vida plena en comunión profunda con el ser supremo. ¿Eres capaz de amar? El secreto está tras la puerta. Imagínate al abrirla sabrás todo sobre el amor. Cambiará tu vida para siempre. Tus necesidades estarán satisfechas, verás la realidad, ¿Te imaginas? Saldrán los miedos de tu vida.

Es el día más maravilloso de tu vida. El secreto te está esperando. Abres la puerta, hay un cofre sobre una columna, lo abres y ahí está el secreto...

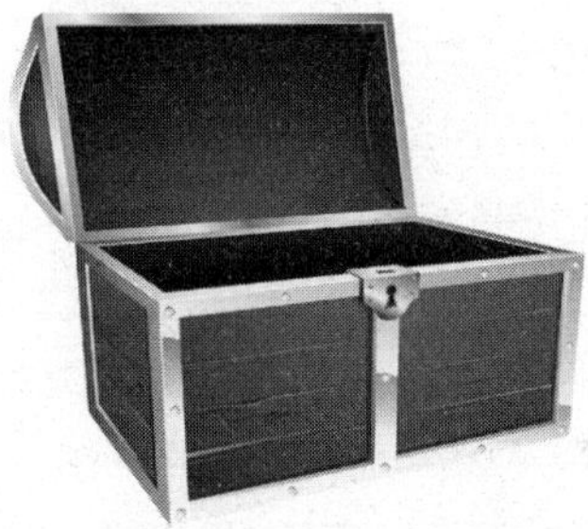

Y el secreto es...

____

____

____

____

____

____

Quiero compartirte una historia personal, un tiempo elegí olvidar mi misión de vida, me traicioné a mí misma y pensé que ser sumisa y callada ante mis necesidades me hacía buena y, por tanto, que me amarían. No fue así, me olvidé tanto de mí y de mi sueño por complacer a otros que desarrollé un enorme tumor de tres kilos y medio. En broma comento que tengo tres hijos y un tumor pues los cuatro pesaron al nacer lo mismo. La verdad es que vivía en una mentira que desarrollé. Tremendas hemorragias provocaron que me pusiera en riesgo. Cuando un médico me dijo que el problema ya no era sólo el tumor, sino otras complicaciones que hacían que tuviera un alto riesgo de morir al extraerlo. Yo agradecida decidí arreglar todo para bien morir. Sí, así como lees. Me despedí de mi familia, platiqué con mis hijos y hasta compré mi urna donde quedarían mis cenizas. Era una forma de no perder el control. Pensaba si yo elijo mi ropa quiero también hacerlo con el lugar donde descansarán mis restos.

Un maestro me confrontó: "¿Por qué quieres morir? No seas cobarde, defiende tu sueño. Alza tu voz".

Salí de la operación. La vida me dio otra oportunidad y dije sí. Descubrí el secreto del amor y ahora lo vivo día a día. Por cierto mi urna yace a un lado de mi cama. Sé que un día será nuestro encuentro y la tengo presente porque quiero recordar cada día, cada instante que tengo un sueño, una misión que vivo porque también conozco el secreto del amor.

Sabes, muchas mujeres no dan vuelta a la perilla, no se atreven a entrar a la habitación y tomar el secreto del cofre. Lo entiendo porque también lo hice. Cuando estés lista, me cuentas tu secreto.

Elijo vivir. Sé que un día moriré pero ahora estoy viva, tomo la mano de Dios un ser creador y amoroso, ahora amo y amo bien, ya no extraño nada porque todo lo tengo. Estoy preparada soy creadora activa de mi destino. Hoy es el día más increíble de mi vida. Vivo de luna de miel con el amor. Y puedo sentirte acompañándome con tu lectura. Y elijo el camino del amor. Consagro mi vida al amor. Un amor eterno que ahora mismo comparto con tu espíritu.

Para abrir los ojos

Complejo de Bella y la bestia

> La mujer (Bella) busca hombres difíciles porque está convencida que puede hacer que cambien. Sólo ella puede ser capaz de transformar su mal humor en detalles. Está convencida que con un beso o tal vez mil se convertirán en un príncipe. Todo su sufrimiento y su miedo se convertirán en una oportunidad de vivir el amor. Después de transformar a la bestia claro está.

En cada capítulo

Haz un alto y sé sincera.

Antes de este capítulo pensaba que:

Ahora después de leerlo, pienso que:

Un riesgo que pienso correr para salir de mi rutina y que facilite mi proceso de sanación es:

Lo que te choca te checa

Se tú la mujer que deseas ser.
Compra una libreta de 100 hojas.
Empieza a escribir en el número de hoja
de la edad que tienes.
A partir de este momento eres responsable
de lo que escribes en tu diario vivir.
¿No te gusta lo que vives?
Cambia lo que escribes.

8
Tengo y elijo la pareja que creo que me merezco

Comenzamos con la siguiente historia. La cual es totalmente verdadera. Lo único que cambié fueron los nombres. Acompáñame.

> Mi nombre es Karla y te relato mi historia personal en la que me tocó vivir la violencia doméstica. Fue el domingo 29 de agosto de 2010 en casa; al decirle al papá de mis hijos que iría a con mis padres un rato, se molestó y me dijo que no podía llevarme a mi hijo menor. La relación estaba deteriorada desde un año antes por problemas diversos que no pudimos resolver. Pero ese día detonó todo lo que había dejado pasar... Me dijo que escogiera un día en la semana para llevarlos y unas horas, a lo que respondí:
>
> —No tienes por qué condicionarme para llevar a mis hijos con sus abuelos.
>
> —No quiero que vayan con tu raza.
>
> —Raza la tuya, raza la de los perros, respondí muy enojada.
>
> Entonces se me fue encima, tenía cargando a mi hijo menor y no le importó, me dio una bofeta y pensé: "Asshhh, me lo gané", en ese momento sentí el jalón de cabellos, entonces me le fui encima como pude, le jale el cabello, le pique

los ojos, le encaje las uñas, le rasgué la camisa y me aventó al piso, caí encima del niño, quien lloraba, entonces me dijo: "estás lastimando al niño, levántate hija de la chingada". Lo hice como pude, pero él no me soltaba, me rodeó el cuello con el brazo izquierdo y con el brazo derecho golpeaba mi cabeza una y otra y otra vez y decía: "esto querías desde hace mucho tiempo, te voy a matar culera". Al sentirme sometida y con su cuerpo prácticamente encima, no pude hacer más que dejarme golpear. De reojo pude ver a mi hijo el mayor pasmado viendo la escena, hasta que se le fue encima a su papá, quien ese momento me soltó. Mi hijo, con sus manitas, lo agarró del cuello y pude soltarme. Mi marido aventó a mi hijo, pero ya me había puesto de pie, entonces comenzó a gritarle al pequeño: "esa culera tuvo la culpa, yo no quería hacerlo". Mis niños lloraban, incluso el pequeño decía: "No le pegues recio papi, porque le duele a mi mamá. Si quieres pégame a mí".

Trate de tranquilizarlos y les dije:

—Fíjense lo que acaba de pasar, no permitiré que jamás me vuelva a poner una mano encima. Ni él ni nadie lo hará jamás. Me voy a separar de su papá y tendrán que aceptarlo. Se acabó.

Después le pedí a mi hijo mayor que se fuera a mi cuarto y se llevara a su hermano y ya estando sola con él, le dije: "esto era lo que necesitaba para mandarte a chingar a tu madre. Te pasé muchas cosas, pero esto, jamás. Esto era lo que necesitaba. Ahora sí se acabó".

Creencias

Quiero que vuelvas a leer la historia de nuestra amiga Karla, pero ahora con ausencia de juicios. Quiero que te sientas ella por un momento y ahora quiero pedirte que detectes sus creencias.

Te explico un poco más. Todos actuamos como seres programados. Lo que haces es un reflejo de lo que piensas y desde luego de lo que sientes, y de tu forma particular de hacer elecciones.

Pero, ¿qué poder tienen nuestras creencias? ¿Cómo surgen las creencias o mandatos ocultos? ¿Esta mujer tiene la pareja que cree merecer y no se da cuenta? Seguramente si le preguntáramos diría. ¡Claro que no creo merecer esto!

Pero vamos un poco más al fondo. Lo que vemos es resultado de lo que creemos. Juguemos un poco a que estamos convencidos de que esto es verdad. ¿En qué tendrá que creer Karla para vivir lo que vivió?

- En que los problemas de pareja no son fáciles de resolver.
- En que nadie puede ponerte condiciones.
- En que los golpes son la frontera para decir... ¡Ya basta!
- En que necesito un motivo muy fuerte para soltar una relación destructiva.
- En que no puedo ni debo dejar a mis hijos sin padre.
- En que una mujer tolera bastante por el bien de la relación.

Veamos cada punto, ¿te parece?

Los problemas de una pareja son reflejo de las heridas emocionales no resueltas en la infancia, que se vuelven latentes en situaciones de conflicto.

La facilidad o complejidad depende de nuestras herramientas personales. Pero si venimos de hogares disfuncionales, ¿cómo adoptar estas herramientas?

No sabemos negociar. Utilizamos el sistema de imposición y obediencia ciega. Y eso desde luego que sólo genera violencia. ¿Cómo negociaban nuestros padres con nosotras de niña? ¿Qué tanto te costaba someterte? ¿Qué precio pagabas por no ser buena y obediente? ¿Qué tanto te traicionabas a ti misma con tal de complacer? ¿Por qué esperamos hasta caer agotadas para decir basta? ¿De dónde tanta tolerancia al dolor? ¿Cuántos prejuicios impuestos? Prejuicios no cuestionados.

Ahora pon atención en la siguiente historia.

> Hola, buen día, mi nombre es Jazmin Vázquez, tengo 25 años y soy hija de un matrimonio disfuncional, mi padre era adicto a las drogas. Tengo vagos recuerdos de mi niñez, afortunadamente los que aún conservo son bonitos. Mis padres se separaron cuando yo cumplí 15 años, mi mamá tomó esa decisión hasta ese momento a pesar de que desde mucho antes era violentada, igual que mis hermanos y yo, quienes al intentar defender a mi mamá salíamos golpeados junto con ella. No sólo fueron agresiones físicas, sino económicas, ya que mi padre no aportaba dinero a casa. Mi abuela nos crió, porque mi mamá siempre tuvo que trabajar para mantenernos. Mi papá era machista, no se nos permitía hablar

con hombres, recuerdo que en mi niñez no tuve un amigo hombre por miedo a que mi papá me regañara; en la adolescencia me escondía para platicar con mis amigas, porque mi papá las corría y decía que me quitaban mi tiempo, me prohibía usar ropa que no fuera de su agrado, me llegó a golpear por cortarme el pelo. Toda decisión que se tomara en la casa tenía que ser aprobada por él. Cuando mis padres se separaron me sentí libre, por fin podía sentirme yo misma, mi mamá nos brindó la confianza y la oportunidad de relacionarnos con el mundo. A los 19 años conocí al que ahora es mi esposo, fuimos compañeros de trabajo. Tenía seis meses de conocerlo como amigo y tres meses de noviazgo cuando me embaracé. Él es alcohólico, la verdad desde que lo conocí así era, pero nunca me pasó por la mente los problemas que esto me traería; en el noviazgo sufrí violencia, por celos e inseguridades de su parte, pero tampoco le di importancia; para mí era normal que esto pasara porque me quería y así eran todos los noviazgos. Tengo seis años viviendo con él, en los cuales me he separado tres veces, dos de ellas por golpes. Ahora vivo mi tercera separación, discutimos porque le reclamé por su manera de beber y comenzó a gritarme, a reprocharme que mi padre era peor y yo lo aceptaba, que él no tenía porque cambiar. Me molesté al punto de iniciar los golpes, me sentí atacada y le di una bofetada, que me regresó. Comenzó a azotarme y golpearme delante de mis hijos. Entonces decidí separarme y mudarme a casa de mi mamá. Han pasado sólo algunos días y me siento mal, no quisiera que mis hijos crezcan sin padre, pero tampoco quiero que crezcan violentados o viviendo lo mismo que yo, quiero educarlos en valores y respeto. Blanca pido tu ayuda, ya somos dos generaciones de mujeres violentadas. Tengo dos hijos y temo por ellos. El menor tiene cuatro añitos y ya es un niño agresivo intolerante, amenaza y golpea, no quiero que él sea un hombre golpeador, quiero romper esta cadena.

¿Cuáles son las creencias que refleja esta historia?

- La violencia es parte de una relación de pareja.
- Aguantar es ser buena madre.
- Los hombres son malos.
- Los hombres son machistas.
- La mujer lo soporta todo.
- Se necesita un hombre para que tome decisiones.
- Los hombres tienen el poder.
- Calladita te ves más bonita.
- Como tú mamá, elijo yo.
- Mira mamá, yo también sufro.
- No veo, no oigo, no siento.
- Ya cambiará.
- El amor transformará a mi pareja.
- No quiero que mi hijo crezca sin padre.
- Quiero, pero no puedo.
- No sé cómo.
- Pobrecita de mí.
- Es mi cruz.
- ¿Cómo me metí en este lío?
- Es mi culpa.

- No hay nada que hacer.
- Sufrir me tocó a mí.

Podríamos llenar una lista de frases o creencias que justifican esta historia. Nadie hace las cosas en busca de la nada. Aunque te cueste verlo, hay lealtades ocultas detrás de cada situación.

Ahora lee la última historia.

Mi nombre es Aurora, y actualmente tengo un año con mi novio. Soy soltera, tengo 34 años, soy docente e independiente, y me considero una persona feliz. Él es mi primer novio y afortunadamente tenemos una relación muy bonita basada en el respeto y el cariño. Estoy muy enamorada de él, ya que es una persona que vale mucho y hay muchas cosas en común. Hasta el día de hoy no tuvimos una sola discusión. Mi novio es separado, su esposa lo abandonó hace casi cuatro años y le dejó a tres hijos; un chavo de 17 años y dos niñas de 8 y 7 años, respectivamente. Mi novio los adora y viven con él, se hace cargo de absolutamente de todo desde llevar una casa hasta preparar los uniformes y peinar a sus hijas en la mañana, admiro mucho su valentía y dedicación. Adora a sus hijos y ellos no tienen contacto prácticamente con su mamá, si acaso la ven dos veces al año.

Quisiera que usted me orientara, yo lo adoro y sé que él también a mí. Nos vemos los fines de semana y platicamos por internet todos los días en la noche. Él hace siempre un esfuerzo por dejar a sus hijos ¡en donde sea!, para estar conmigo los fines de semana, ya que entre semana se encarga de las cosas de sus hijos y vive muy lejos de mi casa. El problema es que yo no conozco a nadie en su familia, conozco a sus amigos, compañeros de trabajo, etc. Cuando nos topamos con gente que él conoce siempre me presenta como su novia, pero ya me molesta ser un fantasma o su realidad alterna, una en donde él se olvida de sus hijos y es feliz conmigo, como pareja. Me causa tristeza y me siento confundida ya que a mí me gustaría compartir mi vida a su lado, pero no he convivido con los niños.

Se va a reír, pero busqué casos similares en internet y todas las mujeres dicen cosas horribles de los hijos de su pareja ¡Y eso que cuentan que sólo los visitan los fines de semana! Yo quisiera conocerlos y tratarlos para ver cómo funciona la relación y si es posible que lleguemos a algo juntos a futuro. Ya una vez le dije que me dolía el que sus hijos no supieran de mí, y él dijo que no sabía cómo decirles. Fue todo.

Dicen que la pareja es un reflejo de la enfermedad personal. Tengo miedo de cometer un grave error del que pueda arrepentirme. No me gustan estas dudas y tengo miedo de que al abordarlo se pudiera terminar todo. ¿Usted qué haría?

Hagamos la lista de creencias de Aurora. Recuerda esa lista también es tuya y mía.

- Pensamiento mágico, "todo está bien en mi mundo".
- Por fin encontré pareja. Entonces, ¡valgo!
- Ser independiente económicamente no me hace emocionalmente independiente.
- Sin un hombre la vida no tiene sentido.

- Debo cuidarlo.
- Él me adora sólo que no lo veo.
- Soy muy injusta.
- No debo pedir tanto. Puedo cansarlo.
- Soy un fantasma.
- No tengo éxito.
- No valgo.
- No me veo.
- Dame una migajita por el amor de Dios.
- No soy la única que sufro.
- Tengo miedo de perderlo.
- No debo decir lo que siento, él puede enojarse.
- Todo este cúmulo de creencias sacadas de historias de mujeres como tú y como yo, ¿qué te dicen de ti?

A continuación te presento un cuadro de vida. Escribe en él una creencia limitante que detectes en tu vida y también una creencia motivante. Puedes utilizar dos colores de tinta distinta para resaltar más la diferencia.

Crecimiento personal	Relación de pareja	Trabajo
Creencia limitante	Creencia limitante	Creencia limitante
Creencia motivante	Creencia motivante	Creencia motivante

Crecimiento espiritual	Amistades	Contribución al mundo
Creencia limitante	Creencia limitante	Creencia limitante
Creencia motivante	Creencia motivante	Creencia motivante
Familia	**Soledad**	**Diversión**
Creencia limitante	Creencia limitante	Creencia limitante
Creencia motivante	Creencia motivante	Creencia motivante

- ¿Vivirías con alguien como tú? ¿Por qué?
- ¿Eres una persona motivante, que hace fluir, que fascina?
- ¿Ves en cada dificultad una oportunidad en tu vida?
- ¿Te das cuenta que atraes lo que te imaginas?

Ejercicio

Toma un globo e ínflalo. Vamos ejercita tus pulmones. Pon en ese globo todos tus miedos. Escucha música suave y juega con ellos. Vamos al ritmo de esa música no pierdas de vista los miedos que pusiste en el globo; al terminar la música, revienta tus miedos, esfúmalos y percibe la energía en tu cuerpo.

¿Eres feliz?

Tu imaginación genera energía y te vuelve un imán vivo que atrae la pareja que necesitas para evolucionar. Incluso las experiencias que necesitas. Lo estás buscando con tu pensamiento. En lo que te estás concentrando.

Científicos japoneses trabajan con ratones, anulan los receptores ubicados en su cerebro que le permiten reaccionar naturalmente al olor de los gatos a pesar de que jamás los hubieran visto. Es un mecanismo heredado por esta especie para sobrevivir.

Este experimento demostró que el miedo también es una experiencia genética y no sólo producto de nuestra experiencia. Los ratones de este experimento en lugar de huir de los gatos los enfrentaron. ¿Curioso no?

¿Qué miedos heredaste sin darte cuenta en tu relación de pareja?

Lo que temes lo terminas atrayendo. Todos tenemos en nuestro interior un ser superior y divino, y un ser inferior, también llamado por los expertos *sombra*. Qué tal si aceptamos esta dualidad. Y en lugar de luchar con ello, lo empleamos a nuestro favor.

El ser divino no es bueno y la sombra mala. Sin juicios tu parte divina es tu parte poderosa. Tu sombra son tus miedos.

¿Qué diría mi ser divino de la forma en que elegí pareja en mi vida?

¿Qué diría mi sombra de la forma en que elijo pareja?

¿Por qué elijo parejas que refuerzan mi infelicidad?

¿Qué miedo tienes que enfrentar para cambiar tu situación?

Si eliges a tu pareja a través del miedo, atraerás relaciones destructivas. ¿Cómo puedes hacerte responsable del tipo de parejas que dejas entrar a tu historia personal? ¿Qué no funciona o ha funcionado en esto de elegir parejas? Quejarse de tu pareja es una señal inequívoca de que actúas como una víctima. Dile a tu mejor amiga, "hazme un favor, no me dejes quejar de mis parejas contigo". Créeme le harás un favor también a ella.

- ¿Qué barreras pusiste de manera inconscientemente para no vivir el amor que deseas?
- ¿Eres tú misma en tu relacion de pareja?
- ¿Mereces el amor?
- ¿Elijes amar?
- ¿Usas tus talentos para atraer el amor?
- ¿Tienes miedo al amor?

La clase de pareja que tengo me indica las decisiones que tomé. Mi pareja es el reflejo mismo de lo que yo creo merecer para mí. Soy yo quien elijo. Al elegir pareja me elijo a mí.

Al elegir mi pareja me elijo a mí

Tengo libertad para elegir a mi pareja. Mi libertad de elegir está formada por tres segmentos. Quiero compartir el siguiente gráfico contigo.

Define desde tu historia personal dentro de cada cuadro, tu proceso de elección de pareja.

Libertad para elegir:

Subconsciente	Consciente	Voluntad

¿Cómo elijo desde mi subconsciente a mi pareja?

Te pido que escribas sin pensarlo mucho tres rasgos de personalidad positivos y tres negativos de tu padre y de tu madre, lo haré con mi historia personal para darte un ejemplo.

Mi padre	
Rasgos positivos	**Rasgos negativos**
Seguridad	*Controlador*
Fuerza interna	*Asfixiante*
Protección	*Agresivo*

Mi madre	
Rasgos positivos	**Rasgos negativos**
Trabajadora	*Caprichosa*
Buena para escuchar	*Exigente*
Leal	*Impulsiva*

Pareja que tiendo a buscar de manera subconsciente	
Rasgos positivos	**Rasgos negativos**
Seguro y trabajador	*Caprichoso y controlador*
Fuerza interna y bueno para escuchar	*Asfixiante y exigente*
Protector y leal	*Agresivo e impulsivo*

Ya me ventaneé. Espero que mis padres no lean este libro, o que por lo menos no se lo tomen muy personal.

Ahora hazlo tú con tu historia personal:

Mi padre	
Rasgos positivos	**Rasgos negativos**
1.	1.
2.	2.
3.	3.

Mi madre	
Rasgos positivos	**Rasgos negativos**
1.	1.
2.	2.
3.	3.

Pareja que tiendo a buscar de manera subconsciente	
Rasgos positivos	**Rasgos negativos**
1.	1.
2.	2.
3.	3.

Ahora crearemos los padres ideales desde nuestra consciencia. No como son, ni como fueron. Sino como me hubiera gustado y hubiera sido ideal. Vamos ,no te preocupes, no traicionas a nadie. Hazlo y verás como te sirve este ejercicio. Lo haré yo igual que en el ejercicio anterior. Queda entre nosotras.

Padres ideales	
Rasgos positivos de mi padre	**Rasgos positivos de mi madre**
1.	1.
2.	2.
3.	3.

Pareja que necesito de manera consciente	
Rasgos positivos	**Rasgos negativos**
1.	1.
2.	2.
3.	3.

¿A qué tipo de mujer buscaría un hombre con esas características?

____

____

____

____

¿Qué te falta para ponerte en esa misma frecuencia? ¿Qué debes trabajar?

____

____

____

____

¿Qué papel juega la voluntad?

La vida en pareja es muy simple, es una adaptación constante. Siempre habrá conflictos. Pero si es la persona que reúne las cualidades que te complementan será más sencillo.

Tu voluntad es importante para no caer en la trampa de no encuentro lo que quiero, me quedo con éste. ¿Quieres ser feliz en el amor? Escoge bien. La relación de pareja debe llevarte a una evolución. Debe sacar lo mejor de ti.

Tu pareja es tu espejo. Te imaginas una relación con un ser libre de condiciones. Sabio. Es decir, un espíritu amoroso y agradecido. Imaginas vivir en pareja sin drama.

La energía psicotónica para elegir mi pareja

Los pensamientos crean resultados. Los pensamientos negativos crean resultados negativos. Los pensamientos positivos crean resultados positivos en todas y cada una de las áreas de tu vida.

Todos nuestros pensamientos producen resultados. En el momento en que cambias la idea que tienes de una pareja vuelves realidad todo lo que necesitas.

Encontrar pareja mejora nuestra vida, nos hace más felices y más relajados. ¿Por qué compartes un espacio con un ser que te recuerda tu divinidad?

Encontrar pareja debe ser similar a encontrar el cielo en la tierra. Encontrar una pareja es una aventura que comienza contigo. Vuélvete niña otra vez. Experimenta tu vida cotidiana ¿Cómo será posible que una pareja como la que hemos descrito te encuentre?

Anímate a soñar y a pedir lo que deseas. Dejamos de soñar al llegar a la etapa adulta. Atrévete a soñar y alcanza tu objetivo. De niñas creíamos que el mundo entero giraba alrededor de nuestros deseos. La adulta que ahora somos lo olvidó.

¿Qué pasaría si todo fuera posible? ¿Cómo influye mi voluntad al elegir pareja? Examen para tu pareja. Te doy a continuación una lista de rasgos a evaluar en tu relación. Si deseas seguir a pesar de las dificultades o carencias es tu responsabilidad. Así es como ejerces tu voluntad y tu responsabilidad a la par.

Admiro a mi pareja	Me siento admirada
Siente confianza en mí	Confió en él
Me emociona verlo	Percibo su emoción
Disfruto estar con él	Se percibe que disfruta verme

Me atrae físicamente	Le atraigo físicamente
Me siento escuchada	Se siente escuchado
Se compromete conmigo	Me comprometo con él
Me nutre emocional e intelectualmente	Siente que lo nutro
Hay responsabilidad compartida	Responsabilidad compartida
Me comprende	Lo comprendo

Las creencias escondidas detrás de mis elecciones

Cuantas veces te sorprendiste a ti misma tratando ser como tu pareja quiere que seas. ¿Qué conseguiste realmente al buscar complacer en cada relación que tienes? ¿Cómo esperamos que nos amen, si no saben quiénes somos? Entre las mismas amigas existe ese impulso inconsciente al aconsejarse, ¿qué te cuesta ser o hacer lo que te pide? "Me cuesta dejar de ser yo misma".

Transcribo la siguiente conversación entre amigas en una cafetería de mi ciudad.

—Es que él me pide que sea como no soy.

—Así son los hombres amiga. Pero tu novio te ama y él también se ha sacrificado por la relación.

—Tú sabes lo que yo esperaba esa propuesta de trabajo.

—Sí, pero él te ama y no quiere perderte. Por eso te pide que renuncies a esa propuesta y sigas donde estás. Al rato te pide matrimonio y todo se arregla. Renuncia yo sé lo que te digo. No es malo, sólo que los hombres se sienten mal si a su mujer le va mejor que a ellos.

Una conversación muy dolorosa que ejemplifica lo que he tratado de compartirte en este capítulo.

La mujer está convencida de que no es tan grave anteponer necesidades ajenas y dejar que otro sea el protagonista de su vida. Total, es en nombre del amor.

Negar tus necesidades, olvidar tus sueños, condicionarte tú misma, dudo mucho que tenga que ver con el amor.

Si vivimos dependiendo de la anhelada aceptación de tu pareja vivirás ansiosa, angustiada y perderás el último gramo de dignidad, lo cual te hará sentir vacía y sin sentido.

Pero todo esto no lo hacemos por amor. Estamos hablando de miedo. Nos convencimos de que en esto del amor sufrir es bastante normalito.

Estoy convencida de que amar implica libertad, autenticidad, individualidad, confianza, respeto, autonomía, armonía y diversión, en aras del supuesto amor te sacrificas y terminas en el desamor completo. Así formamos relaciones enfermas de amor y odio. Pero odio a ti misma por aceptar ser como no eres.

Si tu vida no tiene sentido si no tienes una pareja es porque estas convencida de depositar tu felicidad en manos de otros. Querer tener una pareja no está mal. El problema surge cuando tu felicidad depende de ello. Cuando nuestro deseo se convierte en obsesión. Cuando pagamos un precio absurdo por ello, cuando sufrimos por ello. Cuando ser feliz no depende de ti.

Creencias femeninas sobre tener parejas que nos hacen daño

- Debes sacrificarte por amor.
- Todas las mujeres nos quejamos de los hombres.
- Sólo con gritos y llanto se resuelven los problemas.
- No tendré sexo para que sepa que estoy enojada.
- Ser mujer sola es peligroso.
- Yo soy débil, desamparada y me caigo a trozos sin ti.
- Estoy incompleta.
- Haré lo que tú quieras para que me ames.
- Si no hubiera sido por ti, yo hubiera estudiado una carrera.
- Cuidado con otras mujeres más guapas y seguras que tú. Te robarán a tu hombre.
- Estoy dispuesta a abandonar mi vida por ti.
- Antes de arriesgarme renuncio.
- Soy una niña grande sin ambiciones.
- Tengo miedo a perder mi feminidad debido al éxito.
- El éxito me angustia.
- Estoy resentida contigo porque yo siento que hago demasiado.
- Los hombres están escasos.
- Nadie me quiere.

- Estoy sola (tragedia, agrega voz lastimera y carita de perro sin dueño).
- La mujer es un ser inferior.
- Deseo ser deseada como forma de recuperar mi poder personal.
- No debo cometer errores.
- Debo ser perfecta para que me amen.
- Por mi culpa, por mi grande culpa.
- No soy tan buena como pienso si soy soltera.

¿Hemos aprendido de nuestros errores?

Los errores nos dan excelentes oportunidades de crecimiento. Pero, ¿la mujer valora sus errores? Dejar de acusar y voltear a ti misma es posible.

El síndrome de Estocolmo nos dice que la víctima crea su propio verdugo.

La verdad mujeres es que si nosotras no pensáramos como víctimas, no lo seríamos. Me queda claro que tenemos una herencia cultural de pasividad y falta de control de nuestro mundo interno. Eso nos hace quedar paralizadas emocionalmente. Nos fabricamos excusas para evitar valorarnos. Nos resulta bastante egoísta.

¿Por qué te tratas como mercancía defectuosa? Te pasas la vida tratando de saber, ¿por qué no te quieren? Verifiquemos todas las parejas que tuviste. No te preocupes, no te pediré que las anotes. Pensándolo bien ¿Por qué no? Hazlo, escribe el nombre de los hombres de tu vida. (Relaciones de pareja solamente). Te comparto una lista de malos comportamientos, sólo es una idea tú puedes poner los que realmente son. ¿Lista?

- Me puse una venda en los ojos.
- Mentía y yo le creía.
- Justifiqué su frialdad.
- No tenía mínimas atenciones.
- Soporté infidelidades.
- Toleré adicciones.
- Acepté su control a través de los celos.
- Permití humillaciones.
- Aguanté amenazas y golpes.
- Lo cuidé como un hijo.
- Me hice cargo de sus necesidades.
- Me volví su esclava.
- Acepté críticas destructivas.
- Pensé en cambiar por él.
- Dejé que tomara las decisiones más importantes de mi vida.
- Acepté que decidiera con quien salir.
- No dije nada cuando criticaba a mi familia o amigos.
- Pagaba sus cuentas.

Nombre	Cosas permitidas

Muchas mujeres nos mostramos desesperadas por tener una pareja. En realidad por tener: afirmación, aprobación, afecto, reconocimiento, fuerza, agradecimiento. Seamos sinceras, muchas veces aceptamos maltrato y lo justificamos. Claro ya sé que más vale malo conocido, que bueno por conocer. ¿Pero suena inteligente?

Isabel comentaba en una sesión:

Cuando me divorcie sufrí mucho. Él no era un mal hombre. No tomaba ni fumaba. Bueno sólo los fines de semana. Pero nunca falló a su trabajo. Era un excelente padre. Bueno nunca sacaba a sus hijos. Pero los fines de semana no se iba de casa, mientras veía televisión. Pues estaba cansado. Fue muy duro convencer a mis padres siendo tan buen hombre de que quería el divorcio.

Lo peor fue después. Desesperada entré a los grupos de pareja de internet. Fue muy divertido. Conocí un gran número de hombres. Y mejoró mi autoestima. Pues me sentía hermosa y vista. Lo malo que ocurrió es que me volví promiscua sexualmente. Hombre con el que salía, hombre con el que me acostaba. No porque deseara tener sexo, sino porque en esta etapa de mi vida y a los 45 años ni modo que después de la cena no hubiera sexo. ¿Qué iban a pensar de mí?

Tengo un problema muy grave —me dijo llorando—. ¡Necesito desesperadamente tener un hombre a mi lado, quiero tener amor y sexo con afecto! ¿Por qué atraigo hombres malos a mi vida? Me usan y me dejan un gran vacío.

Poco tiempo después de mi divorcio conocí a Manuel. Un hombre increíble, pero muy inseguro. Empecé a descuidar a mi única hija, Sarita, de 15 años. En una ocasión ella me pidió que platicáramos de un problema en su escuela, justo cuando Manuel me pidió que fuera a verlo a su departamento. El pobre no sabía poner orden y quería que yo me hiciera cargo. Así que le dije a mi hija que yo tenía que luchar por mi amor. Me fui con Manuel, ordené su apartamento mientras él veía el futbol. ¡Ya ves como son los hombres!, con voz de sacrificio. Al volver a casa mi hija se había tomado un frasco de pastillas. Afortunadamente no pasó nada. Sigue viva. Pero nuestra relación va de mal en peor.

Esta historia está plagada de engaños mentales. Cosas que nuestra amiga se niega a ver. ¿Qué tan sin miedo ves su comportamiento? Revisa los siguientes rasgos de una personalidad digna y dime si los tiene nuestro personaje.

1. Sin miedo.
2. Dueña de su historia personal
3. Optimista
4. Fuerte
5. Independiente
6. Serena
7. Alegre

8. Capaz
9. Con prioridades claras
10. Amor a sí misma

Ahora dime si tú los tienes.

___

___

___

Einstein decía, sí siempre decides de la misma manera obtendrás los mismos resultados. Esos resultados ya te trajeron sufrimiento, por qué no elegir opciones diferentes.

Contesta la siguiente guía de conciencia:

1. ¿Tu vida está basada en tener una pareja?
2. ¿Vas por la vida persiguiendo hombres?
3. ¿Siempre estás al pendiente de la aprobación de los demás sobre todo de los hombres?
4. ¿Sufres por no tener una pareja?
5. ¿Compites con otras mujeres por un hombre?
6. ¿Te comparas constantemente con otras mujeres que si tienen pareja?
7. ¿Crees que si tienes una pareja serás feliz?
8. ¿Buscas el reconocimiento de un hombre?
9. ¿Depositaste tu felicidad en una pareja?
10. ¿Estás al pendiente si te rechaza o aprueba un hombre?
11. ¿Eres adicta a vivir en pareja?

12. ¿Tienes miedo de estar sola?
13. ¿Te perturba tu manera de pensar?
14. ¿Te aceleras a decir sí antes de tiempo?
15. ¿Te sientes ansiosa si no te llama?
16. ¿Crees en ti?

No hay respuestas buenas ni malas; haz un balance de las tuyas. ¿Qué dicen de ti?

____

____

____

Primero debes disfrutar la soledad antes de salir al encuentro de una pareja.

Para abrir los ojos

Complejo de Blanca Nieves

Basado en la horrible relación entre madre e hija. La madre se niega a ver la belleza de su hija, que incluso la supera. En un afán de ser mejor actúa como una mujer más joven a quien envidia. Busca demostrar que vale más que cualquiera. Este trastorno muestra a una mujer con miedo a envejecer y quedarse sola. Busca sentirse superior. Hay una distorsión de nuestra imagen unida a la envidia. Su creadora es Betsy Cohen.

En cada capítulo

Haz un alto y sé sincera.

Antes de este capítulo pensaba que:

____

____

____

____

____

Ahora después de leerlo, pienso que:

____

____

____

____

____

Un riesgo que pienso correr para salir de mi rutina y que facilite mi proceso de sanación es:

____

____

____

____

____

Lo que te choca te checa

Hay quienes dicen que el tiempo es oro.
No pierdas tu tiempo con relaciones que
te hacen daño. El tiempo es mucho más que oro,
el tiempo es tu vida.

9
Feliz con pareja y sin pareja

Tener pareja definitivamente no determina tu felicidad como mujer. Sin embargo déjame compartirte la siguiente historia:

> Karina, una mujer de 28 años, llegó a mi consultorio. Se sentía muy mal, pues a pesar de ser una mujer muy atractiva y preparada jamás había tenido novio. La razón no la conocía.
>
> —Todos los hombres salen corriendo —exclamaba con terror—. Al principio estaban muy interesados, pero después de la primera cita no vuelven. Esta vez no quiero que pase lo mismo. ¿Qué debo hacer?
>
> —Por lo pronto, Karina, concentrarnos en el trabajo contigo misma. Te sugiero no tener pareja durante unas cuantas semanas para evitar inconvenientes.
>
> —No puedo prometerte nada —contestó tratando de no mostrar su desesperación—, conocí a un hombre maravilloso hace dos días. En un banco mientras haciamos fila.
>
> —¿Qué sabes de él?
>
> —Nada. Sólo que se llama Luis Carlos. Es genial, al parecer abogado. Me invitó a salir este fin de semana. Hoy es miércoles, seguro me llama el viernes en la noche. Esta vez será distinto me dio su tarjeta.
>
> —¿Podrías por lo menos no hablarle tú?
>
> —Tal vez —puso cara de que no cumpliría—, tal vez.

—Está bien Karina te veo la próxima semana con tu historia personal.

Llegó el día de la cita y Karina se veía feliz.

—Esta vez es el bueno.

—¿Qué pasó?

—Me llevó a su oficina y a su casa.

—¿Conociste a su familia?

—Claro que no —suspiró impaciente— no quiero presionar.

—¿Consideras que es presión? ¿El conoce dónde vives?

—Claro, y a mis padres. Mi mamá piensa que está guapísimo.

—¿Conoces a sus amigos?

—No. Por favor, no me presiones.

—Karina, me contrataste para asesorarte y acompañarte no para seguirte la corriente.

—¡Está bien! —con cara de pocos amigos.

—¿Tuviste relaciones sexuales con él?

—Claro, son otros tiempos. Hay una química entre los dos. Quiere algo muy serio.

—¿Cómo lo sabes?

—Me lo dijo.

—¿En dos semanas de conocerse, Karina?

Karina salió molesta de la sesión. A la semana siguiente venía devastada. El hombre no la buscó y tampoco contestaba el teléfono. Trabajamos con su duelo de amor de dos semanas. Dos semanas más y del hombre no se tuvo noticia a excepción de la prueba de embarazo de Karina que resultó positiva. Así como te lo cuento Karina esperaba un hijo de este hombre que brillaba por su ausencia. Fue a buscarlo a su oficina y la casa donde él la llevó, a donde por cierto jamás la hizo pasar; en ambos lugares lo desconocían. Al parecer había hecho lo mismo con otras mujeres.

Karina tuvo su hijo y aprendió la lección. Saberse cuidar y no mostrarse desesperada.

¿Por qué no te llama después de conocerte? Podría darte mil alternativas. Prefiero concretar una sola. No te llama porque no quiere, porque no está interesado, porque no le gustas lo suficiente, porque no le interesas. Jamás pienses que es porque es un chico tímido.

No me llama porque cuando tenía cinco años se divorciaron sus padres, porque lo dejó la esposa, porque una novia le fue infiel.

- Perdió mi número
- Tiene miedo de interrumpirme.
- Le da miedo enamorarse.
- Es muy inseguro.
- No quiere arruinar nuestra amistad.
- Le gusto demasiado.

¿Cómo justificas al tipo que no quiere nada contigo?
Otro caso.

Yo tengo un amigo novio y tomé la decisión de dejarlo después de escuchar tu programa. Me di cuenta que era adicta a él por la necesidad de estar con alguien. Yo soy quien lo busca. Él no me llama y no muestra interés en la relación. Yo soy independiente económicamente creo que por eso él no se me acerca. Ahora sé que lo que hago no es ni sano, ni digno. ¿Ahora qué hago?

¿Qué hago?

Lo llamo. Tal vez le pasó algo, tiene que haber una explicación. ¿Por qué perdemos tiempo en cuestiones tan absurdas?¿Por qué nos cuesta tanto ser rechazadas por una pareja?

Cuando una persona está interesada no puede evitar demostrarlo. Estará en permanente comunicación. Es lo mismo que nos pasa a ti y a mí. Cuando un hombre está interesado busca los encuentros. Disfrutarán mutuamente de su compañía. Buscará que te involucres con su entorno. Conocerás a sus amigos y familia. Comenzará a cuidar los detalles simplemente porque te observa. Es justo lo que pasa cuando a alguien le interesas.

Te lo pongo en otro plano, ¿qué ocurre si un trabajo no te interesa? "Lo descuidas", muy bien. Lo mismo se aplica a la relación de pareja. Si te despiden mejor puesto que eso es justo lo que tú querías.

¿Por qué me siento tan vulnerable?

Te respondo con otra pregunta. ¿Tienes vida propia? Perdón amiga, pero es que si tienes que estar al pendiente de su llamada es que tu vida no es muy interesante.

Cuando nos arriesgamos públicamente a reconocer que nos paralizamos ante el rechazo de los demás. Reconocemos que hay una herida abierta en nuestro espíritu. En otras palabras tenemos un serio problema con la frustración. Nos sentimos bastante egoístas al pedir lo que necesitamos. Tal vez por eso conocemos múltiples relaciones en que la mujer es prácticamente invisible y sin embargo la relación sigue por años. Como mujeres hemos sido entrenadas para cuidar de los otros y buscar que un ser poderoso cuide de nuestras necesidades. Vivimos dolorosamente pasando del enojo y la depresión a la desesperación por no saber qué esperar de una relación.

La mujer que tiene confianza en sí misma maneja el rechazo de una manera muy diferente. Una mujer con confianza no se engancha a la primera propuesta de un hombre.

Y, ¿sí nos acostumbramos a vivir con el rechazo? ¿Qué podemos hacer para superarlo? Enfrentarlo. Incluso exponernos a él. Quiero que recuerdes alguna vez en que experimentaste el rechazo.

¿Cómo soportar el rechazo? Exponte al rechazo y sal fortalecida de éste. Comprométete contigo misma. Deberíamos asimilarlo como parte de nuestra vida diaria. Contéstame sinceramente ¿Estoy esperando una pareja para ser feliz?

Para abrir los ojos

Complejo de La bella durmiente

Es la mujer callada, adormecida, torturada, cerrada, reprimida. Siempre desconcertada ante los hechos de su vida. Busca ser cuidada y siempre espera de los demás que se encarguen de ella pues siente que el mundo está lleno de peligros.

En cada capítulo

Haz un alto y sé sincera.

Antes de este capítulo pensaba que:

____

____

____

____

Ahora después de leerlo, pienso que:

____

____

____

____

Un riesgo que pienso correr para salir de mi rutina y que facilite mi proceso de sanación es:

____

____

____

____

Lo que te choca te checa

Aléjate de los chicos malos, de los vicios, de las malas compañías. No te dejes seducir y conducir a una ruta que no te conviene. Si tienes claro qué tipo de pareja deseas, no te conformes.

10

Pide y se te dará

¿Aplica también en la pareja? Aplica a todo. Se trata de mover nuestro pensamiento. De encontrar un propósito definido. Cuando tomas conciencia de tus pensamientos, también lo haces de tus actitudes. Y, ¿a qué estamos receptivos?

¿Qué pide esta persona con su forma de pensar?

Quedar sola. Abandonada. Rechazada. Sentirse culpable. En pocas palabras pide sentirse inadecuada para ser parte de una relación.

¿Qué tipo de relación atraerá? Más relaciones inadecuadas. Más de lo mismo. Cuando nos volvemos atentas al pensamiento se presentan cambios sorprendentes.

Poner atención a nuestra comunicación puede cambiar cualquier cosa. Principalmente te sentirás más sana, más creativa y feliz. Se trata de elegir tus pensamientos. Esos pensamientos que te hacen sentir bien. Somos seres espirituales, capaces de provocar con nuestro pensamiento consecuencias.

Una mala relación genera trastornos en nuestra vida. Nos sentimos ansiosas, miedosas, preocupadas y muy tensas. Debemos cuidar de nosotras y evitar todo lo que contradiga nuestro bienestar.

Existe dentro de nosotras una inteligencia que nos promueve la conservación. Lo que digo es que con base en esta inteligencia sabes lo que debes hacer y cómo hacerlo.

Vigilemos nuestros pensamientos porque a través de ellos creamos nuestra forma de interpretar la realidad.

Nada ni nadie tiene más poder sobre nosotras que nuestra forma de pensar. Si te sientes menos que tu pareja eso mismo proyectarás y terminará tratándote como tú piensas que eres, un ser poco valioso.

¿Seremos capaces de rechazar todo aquello que no deseamos tener? Lamentablemente las estadísticas de la mujer maltratada muestran lo contrario. ¿Qué pensamientos tienes arraigados en tu mente?

La vida que tienes es un reflejo de tus creencias. Tú y yo escuchamos alguna vez la frase, "Cambia la forma en que piensas de ti y cambiarás tu vida". ¿Pero cómo saber que pienso de mí?

¿Qué nos pasa cuando estamos en la situación de tener que elegir si nos quedamos o no con esta pareja? ¿Qué tipo de pensamientos alimentamos? ¿Qué tipo de actitudes tomamos?

Si te dijera que tener una relación de pareja es felicidad, armonía y paz ¿Qué me dirías? Eso no existe, lo normal es tener problemas. Pues estás equivocada. Una relación de pareja no tiene que ser un drama.

¿Fuiste programada para ser feliz?

Si eres una mujer que vives una vida no placentera, te conviene poner atención a tu pensamiento. La mayoría de nosotras fuimos programadas desde nuestra infancia a vivir la vida con dificultades. Si quieres experimentar una vida tranquila, serena, confiada y en paz con tu pareja, tendremos que aprender algo distinto.

¿Cómo sería si nuestras expectativas de una relación de pareja fuera sentirnos felices y en paz?

El amor es bueno y de lo bueno vienen cosas buenas. Vivimos conforme a nuestras creencias. Creemos conforme pensamos. Afirma conmigo en voz alta:

> Tengo derecho a ser feliz en pareja y sin pareja. Creo que el amor es abundante y hermoso y espero que las cosas sucedan. El amor llega a mi vida de la manera más sencilla y lo recibo con sabiduría.
>
> El bien viene a mí a través del amor. Entre más amor doy, más amor recibo. Yo amo a los demás y como consecuencia me siento profundamente amada.
>
> Me siento muy feliz y doy gracias a la vida, por tanto amor ahora y siempre.

Generalmente, las mujeres buscamos la aprobación en los demás para reafirmarnos. Cree en ti.

Cuando somos auténticas manisfestamos que nos creemos valiosas. Nosotras nos vemos de acuerdo con nuestra percepción con una gran influencia de nuestros padres sobre la misma. ¿Fuiste programada por ellos para ser feliz? ¿Para creer en tu intuición? ¿Deseas una relación de pareja feliz, con armonía y paz? ¿Crees que la mereces? En una relación de pareja compartimos lo que somos y tenemos. Una relación de pareja sana o enferma es el reflejo de la mente de cada uno de sus integrantes.

La mayoría de las mujeres inconscientemente fuimos programadas para vivir la relación de pareja con dificultades. Así que buscamos en la pareja el reconocimiento, aceptación y amor que no recibimos en la infancia. Y nuestra pareja busca lo mismo. Pero se nos olvida que cada uno trae cargando su historia personal. Tu sabiduría puede ayudarte a verte con nuevos ojos.

¿Cómo encontrar la pareja perfecta para mí? Para hacerlo necesitamos de nuestra sabiduría. Si estás buscando un trabajo, no te conformarías con cualquiera, ¿o sí? Lo mismo pasa con la pareja. Antes de compartirte varios aspectos a trabajar debes responderme honestamente. ¿Verdaderamente mereces una buena pareja? Ya me imagino lo que estás pensando mientras lees estos renglones, ¡pero si no hay hombres! ¿Cómo lo voy a encontrar? Para empezar vamos juntas a dejar de pensar de esta absurda manera. Debemos rechazar pensamientos negativos, porque sí los hay. En este universo siempre existe un buen hombre que desee compartir contigo lo que aprendió con su historia de pareja. ¿Realmente crees que existe una pareja perfecta para ti? Sólo si lo crees sigue leyendo. Es el momento de compartir con una pareja adecuada. Pon mucha atención en los siguientes puntos:

1. Tienes que estar consciente de que con cada pareja tienes una oportunidad de compartir lo que aprendiste hasta ahora sobre la convivencia en pareja.

2. Verifica si sinceramente deseas encontrar una pareja. Podemos tratar de engañar a otros, pero a nosotras mismas no tiene sentido. Hay quienes buscamos una pareja perfecta sin deseos de encontrarla. Para despertar el deseo primero hay que creer que existe. Recuerda que no sólo es pedir y recibir, sino que recibimos en la medida que lo creemos. Además de que nos preocupamos si tenemos el maravilloso poder de elegir. Cuando conozcas a alguien como prospecto de pareja repite mentalmente: "Si éste es el hombre perfecto para mí. Te doy gracias por haberlo encontrado. Si no aléjalo lo más pronto de mí".

Si en este preciso momento no te sientes satisfecha o contenta con la pareja que tienes. Recuerda que todavía puedes encontrar a la pareja perfecta que satisfaga tus intereses. Si, ya sé, tal vez sientes miedo de quedarte sola. "Más vale malo conocido, que bueno por conocer". Entonces querida amiga no crees en ti.

Ejercicio para encontrar la pareja ideal

> Agradece a todas tus exparejas todo lo que aportaron a tu vida. Momento. No les llames. Realiza una carta en la que des las gracias a cada uno, incluso si no te trataron muy bien. Gracias a ellos aunque no lo creas tienes experiencia. Despídete de ellos con paz y armonía. Si no lo haces de esta

> forma será muy difícil que alguien se acerque a ti. Es una manera de cerrar ciclos.
>
> Repite conmigo:
>
> Yo (di tu nombre en voz alta) ahora mismo estoy lista para vivir un amor sano con mi pareja perfecta.
>
> Yo (tú nombre completo) ahora mismo, estoy lista para algo mejor y dar gracias por cada una de las parejas que tuve y de las cuales recibí grandes aprendizajes que valoro y me hacen experta en el amor.
>
> Yo (nombre completo) estoy muy agradecida y preparada para vivir una relación increíble.
>
> En este preciso momento mi pareja perfecta la que exactamente necesito me está buscando también. Emana energía de mi cuerpo con el poder suficiente para encontrarnos.
>
> Yo soy una con mi pareja perfecta para mi preparación y capacidad personal. Libero toda ansiedad y miedo porque sinceramente estoy segura de que estamos en camino de nuestro encuentro.
>
> Gracias por esta nueva relación. Yo lo creo, lo acepto y agradezco porque así es.

En este momento ya estamos en sintonía y verdaderamente creemos que nuestra mente tiene un gran poder. Somos nosotras quienes nos bloqueamos. Podemos aspirar a algo más. Pero debemos creer que lo merecemos. Dejar de dudar y aceptar que merecemos una pareja perfecta.

Si eres de las mujeres que dudan de que exista un hombre perfecto para ti déjame contarte que precisamente por eso no lo tienes a tu lado.

Busca primero el reino de Dios, que está cerca. Tan cerca como echarte un clavado en ti. Esto hará que sigas adelante confiada, animada, fortalecida. Libera de tu mente esas viejas creencias limitantes. Eres un ser perfecto acéptalo y permite que otro ser perfecto te acompañe.

Nunca elijas una pareja a la ligera menos si estás frustrada o cansada de estar sola y, por tanto, confundida. Siempre busca conectarte a tu sabiduría interna y encontrarás la respuesta adecuada.

¿Qué cualidades admiras en un hombre?

Escribe las cualidades que buscas en un hombre.

____

____

____

____

____

____

____

Todas deseamos vivir felices. Pero para ello, ¿necesitamos una pareja?

Mapa del éxito

Vamos a jugar. Busca una cartulina color blanco. Una caja de colores o acuarelas. Usa mucho color. Dibuja lo que deseas en una pareja. Y disfruta vivirlo. Deja tu cartulina a la vista.

Ejercicio

Escribe una carta de amor a tu pareja perfecta. Siente cada palabra que pones y percibe la energía de este compañero de vida.

Guárdala en un cofre y cada mes, mismo día y hora vuélvelo a leer hasta que lo logres. Quema la carta y con un gesto de amor despídete de ella.

En cada capítulo

Haz un alto y sé sincera.

Antes de este capítulo pensaba que:

Ahora después de leerlo, pienso que:

Un riesgo que pienso correr para salir de mi rutina y que facilite mi proceso de sanación es:

Lo que te choca te checa

Tu valor personal comienza con tu entusiasmo por la vida. Si te gusta tu forma de vida serás una persona agradable. Siéntete valiosa. Reconócete.

11
Antes de casarte con el hombre de tus sueños pasa 21 días contigo

Entremos en silencio al cuarto de juegos de cuando éramos niñas. Todo pintado en colores pastel. Un ambiente de cuento con príncipes y princesas. La niña con un velo jugando a casarse. Curiosamente no verás a un niño que haga esto. ¿Por qué será?

Este capítulo en especial quiero vivirlo contigo desde nuestra niña interna si me lo permites. Viviremos treinta días juntas con actividades programadas. Estaremos juntas de principio a fin. Sigue cada paso y cada actividad al pie de la letra y te garantizo resultados espectaculares en tu vida.

> Comenzaré con una historia que me contaron y que habla de una mujer que esperaba casarse con el hombre más interesante del pueblo. Tanto se lo propuso que una noche el galán tocó a su puerta y le pidió que se casara con él. La muchacha estaba feliz y mandó llamar a sus padres que de inmediato celebraron la noticia.
>
> El padre para tratar de formalizar el acto mandó a la joven al sótano de la casa a que trajera el mejor de los vinos para celebrar el acontecimiento. La novia fue de inmediato a traer la preciada botella. Cuando de pronto, en ese preciso

momento cayó en cuenta en lo que pasaba: "Voy a casarme con el hombre que elegí". ¡No puede ser! ¡Yo lo elegí! ¿Y si me equivoco? ¿Si no es él? ¿Si me abandona? ¿Si se da cuenta que no soy la mujer ideal? ¿Si me abandona? ¿Si el día de la boda no se presenta? ¿Si se da cuenta que es un error casarse conmigo? ¿Si sólo lo hace para burlarse de mí? ¡Dios!, ¿por qué me haces esto?

Tanto tardaba la muchacha que los padres bajaron a buscarla.

—Hija ya estamos listos para celebrar el compromiso.

—¡No habrá boda! —dijo la muchacha furiosa. No permitiré que ese tipo se burle de mí y me deje plantada en el altar al darse cuenta que no soy tan especial como él cree.

—Pero hija, ¿qué te pasa?, preguntó la madre confundida.

—Está decidido. ¡No seré su burla!

El novio al ver que tardaban bajo a buscar a la familia completa. Los encontró discutiendo tanto que salió asustado del lugar. Arrepentido de haber elegido a una mujer tan confundida.

Cuentan que la mujer aún sigue amargada por el novio traidor que sólo fue a pedir su mano, y al subir a la sala con la botella para celebrar el compromiso ya no estaba.

¡Ya sabía que me abandonaría! Contaba la mujer a quien quisiera escuchar su historia de amor frustrado. La mujer nunca supo que el novio estaba decidido a casarse con ella, hasta que escuchó sus miedos aquella tarde en el sótano de la casa.

Así que lo primero que haremos es recapitular todos y cada uno de los miedos que nos impiden lograr nuestros deseos.

Día uno

Revisa minuciosamente los miedos que te impiden lograr encontrar a la pareja que tanto deseas.

El deseo debe estar vacío de miedos, pues éstos disminuyen la potencialidad de lo que esperamos recibir del universo. Revisemos nuestras creencias limitadoras.

Piensa en las características que debería posee la protagonista de una relación de pareja sana. Nada de dependencias ni miedos.

____

____

____

____

____

____

¿Cuántas de estas características posees tú? Generalmente de acuerdo con mi investigación, las mujeres que logran tener una relación exitosa con su pareja tienen entre otras las siguientes características.

- Se consideran competentes y valiosas
- Entusiasmadas por su vida
- Atentas

- Independiente al tomar decisiones
- Tienen facilidad para relacionarse
- Perseverante
- Excelente trato
- Persistente
- Preparada
- Se conoce a sí misma
- Persuasiva
- Tenaz
- Confiable
- Hábil en el manejo de obstáculos en su vida
- Disciplinada
- Honesta
- Innovadora
- Simpática
- Capacidad de resolución ante el rechazo o abandono
- Empática
- Excelente en su comunicación

Lo mejor es que si desarrollas esas cualidades atraes personalidades semejantes. Imaginas una relación de pareja con una persona con cualidades semejantes a las tuyas.

Si tú crees que no eres valiosa atraerás personas que te confirmarán lo que piensas. Tus creencias se confirman en el tipo de parejas que atraes a tu vida.

Los resultados en tu vida emocional al encontrar pareja son un reflejo de tu forma de pensar. Este día serás cazadora de tus pensamientos limitantes.

"Siempre debes estar preparada porque nunca sabes cuando la vida te pida el todo".

Vince Lombardi

¿Cuál es tu filosofía de vida? ¿Qué piensas encontrar en tu pareja? ¿Qué tipo de relación pretendes? ¿Tus resultados que dicen de ti?

¿Cuál será tu filosofía de amor en pareja a partir de ahora?

____

____

____

____

____

____

Día dos

¿Cuál es mi filosofía de vida? Atraerás parejas acorde con esta particular filosofía de vida personal. Se han desarrollado investigaciones al respecto. En este segundo día nos avocaremos a cómo aplicar tu filosofía del amor en la pareja. Al terminar el primer día ya debes tener un objetivo muy claro. Podremos cuidarnos mejor.

Te doy información al respecto. Cada hombre tiene un objetivo consciente o inconsciente para unirse a una pareja. De acuerdo con sus preferencias y estilo de vida. Hay una predisposición inconsciente a procurar comprometerse con cierto tipo de personas que lo dirijan a su realización.

Las creencias también están vinculadas con la forma de elección. Y sobre todo el deseo y el estímulo que representas. Un hombre se compromete contigo porque considera que cubres sus requerimientos personales. Es grato estar a tu lado, se siente ganador por haberte conquistado, no desea perderte, se siente cómodo contigo, no percibe riesgo, y se siente muy orgulloso de la dinámica de pertenecerse en el compromiso.

En tu camino debes distinguir tres tipos de hombres:

1. El que te desea, pero no le interesa comprometerse.
2. El que sólo busca pareja, pero no analiza un proyecto juntos.
3. El que está interesado en un compromiso después de analizar la relación.

Puedes predecir tu futuro con cualquiera de estos tres tipos de hombres.

1. Te desgastarás en este tipo de relación. Seguramente la pasarás muy bien, pero sin dirección alguna.
2. Tu vida será una ruleta rusa. Puede que se decida puede que no.
3. Este es un hombre inteligente emocionalmente, con claridad de objetivos y toma de decisiones.

Después de darte la información hagamos en este segundo día un plan. Para ello responde las preguntas:

1. ¿Por qué y para qué deseas una pareja?

2. ¿Cuáles son tus valores? ¿En qué crees?
3. ¿Hacia dónde deseas ir en una relación de pareja?
4. ¿Cómo llegarás ahí?
5. ¿Cuáles son tus cinco creencias que regirán tu encuentro de pareja?

Día tres

¿Sabes quiénes podrían ser tus prospectos de pretendientes? En este día trabajaremos intensamente en descubrirlos. ¿Qué tipo de hombre espero atraer? ¿Dónde trabaja? ¿Qué quiere de la vida? ¿Cómo es su proyección futura? Muchas de mis alumnas después de aplicar las técnicas desarrolladas en este libro se confesaron sorprendidas al aumentar su número de pretendientes. Así será contigo.

¿Qué conozco del tipo de hombre que deseo atraer?

¿Qué preguntas debo hacer para cerciorarme de que es el tipo de prospecto de pretendiente que deseo tener?

___

___

___

¿Cuáles son tres de mis características que atraerán a este tipo de hombre?

___

___

___

___

¿Qué beneficios vivirá esta persona al conocerme?

___

___

___

___

___

Lo que jamás debes olvidar: te expodrás al rechazo y deberás admitirlo. No pasa nada. Debes tener calma y paciencia no te muestres deseperada. Los ahuyentarás. Compórtate tal como eres. Sé sincera. Evita manifestar tus temores.

Las siguientes son señales de que tu prospecto está interesado:

- Se muestra relajado.
- Muestra interés en lo que hablas.

- Se toca la barbilla persistentemente.
- Se inclina hacia a ti al hablar.
- Adopta una posición pensativa respecto de lo que dices.
- Cruza y descruza las piernas.
- No pierde detalle de tus movimientos.
- Con sus gestos te muestra mucho interés.

En este tercer día tienes que comprender las señales y aplicarlas a toda persona, antes de hacerlo con un prospecto.

Día cuatro

Aprende a usar tu cerebro para elegir a una pareja, hacerlo es el mejor recurso para vivir el amor. Nuestra seguridad y nuestro éxito depende de esto.

Tu cerebro es tu centro de control; el responsable de cada actividad voluntaria como involuntaria. Se divide en dos partes: izquierda o analítica y derecha o soñadora. La primera es la que razona, también se conoce como la parte consciente. La parte derecha domina la sensibilidad. Es nuestra parte intuitiva, la del subconsciente.

Cada hemisferio tiene funciones distintas. Al utilizar ambos hemisferios de manera conjunta obtendrás más éxito en todas tus actividades.

¿Qué tan importante es usar el cerebro para elegir la pareja? Pues el error más grande es elegir una pareja sólo porque te hace sentir bien. Debe estar acorde a tu nivel. Debe convenirte.

Ejercicio

Analiza a cada candidato desde el hemisferio izquierdo y después desde el derecho. En un principio marca la diferencia. Cada decisión que tomes esta semana. Marca tu propósito sólo desde el lado izquierdo, luego desde el lado derecho y finalmente, en equilibrio.

Señala por qué el candidato podría ser elegido desde el hemisferio derecho. Ahora desde el izquierdo. Finalmente una combinación de ambos.

Día cinco

Aplica una dosis de confianza. La prueba de que tienes realmente confianza en ti, es lo que yo llamo la prueba de fuego. ¿Qué pasa si conoces a un pretendiente, pero este no reúne los requisitos deseados? Debes ser honesta. Decir no, porque no es lo que deseas. Cuando dices sí porque no hay nada más que hacer, eres deshonesta contigo misma y sobre todo, pierdes la confianza en ti. Cuando dice no, tu confianza aumenta, porque lo haces con base en la satisfacción de tus necesidades. Sería injusto para ese hombre recibir un sí, porque no confías en conseguir algo mejor.

¿Te das cuenta? Es posible trascender en una relación de pareja cuando logras coherencia. Cuando estamos frente a un ser humano que confía en sí mismo su fuerza trasciende notoriamente. Piensa cuanto sufrimiento te ahorras y tiempo de vida si creyeras honestamente en ti.

Día seis

Diseño adecuado de mi termómetro emocional. Un factor importante que afecta la buena elección de pareja es ser autoobservador de nuestros estados de ánimo. Tu adquieres poder personal cuando manejas adecuadamente tus emociones. Recuerda la ley de la reciprocidad que implica compartir, ofrecer ayuda, reconocer al otro y aceptar. Si manejas tus emociones adecuadamente serás más libre de tomar decisiones. Asume la obligacion sobre el manejo de éstas.

Responde la pregunta: ¿qué esperas de ti misma en el manejo de tus emociones al momento de elegir pareja? ¿De qué manera afecta tus emociones tomar decisiones?

Define este día cuál será tu nuevo papel en la selección de pareja. ¿Qué harás diferente a partir de hoy?

Día siete

Conoce lo que quiere un hombre en todos los aspectos posibles. La verdad es que la selección de pareja es una excelente escuela de aprendizaje de tus relaciones interpersonales.

Observa su carácter. Date cuenta cómo trata a las mujeres, ¿Se enfurece con facilidad? ¿Oculta información? ¿Qué te dice tu intuición? ¿Has puesto a prueba su paciencia? Pregunta que piensa respecto a algo que tu valores. Pregúntale por su trabajo. Sólo entonces puedes estar preparada para que este hombre se convierta en tu novio.

Los hombres no son tan detallistas al enamorarse, son más globales. No vayas a cometer el error de pensar que el hombre que conociste es muy tímido. Eso es una mentira;

el hombre más tímido se vuelve poderoso cuando se interesa por una mujer. El hombre por naturaleza querrá demostrar, si tu le interesas, que es el mejor.

Observa la naturaleza, por instinto el macho realiza complicados rituales para atraer a la hembra. Basta que te sientes un momento en un parque y observes. La conquista por naturaleza para un hombre no debe ser fácil. Siempre habrá un hombre en algún momento de tu vida que se fije en ti. Siempre. Te llamará constantemente, insistirá y volverá a insistir esa es la señal de que realmente le importa la relación.

Cuando un hombre ama a una mujer da cien por ciento. El hombre es quien inicia la relación. Cuando un hombre se interesa en ti:

- Muestra compromiso.
- Se preocupa por tus problemas.
- Cortejo consistente.
- Tiende a imitar las virtudes que deseas.
- Demuestra sus dotes de poder.
- Exagera un poco sus dotes financieros, se vuelve muy generoso contigo.

Por último durante este día quiero resaltar que si una mujer es fácil de conquistar para un hombre, éste siempre pensará que lo será para cualquier otro. La duda estará siempre ahí.

Día ocho

Traza el camino para convertirte en esposa. Un mapa de relaciones de éxito. Eso haremos. Toma una cartulina y marcadores de colores, y realiza un dibujo de cada afirmación que te comparto.

1. No te conformes con un pretendiente que no llena tus expectativas. Pagarás un precio muy caro por ello. Esto implica que seas coherente y no pierdas tu preciado tiempo en relaciones que no te llevan a ninguna parte.
2. Conviértete en tu prioridad. Ninguna mujer que tenga como prioridad en su vida a su pareja es feliz. Se trata de una obsesión y ésta se une al sufrimiento.
3. Comprométete con la idea de casarte. No te convenzas con una relación que ofrezca menos.
4. Establece un plazo. Si en seis meses de salir con un hombre no pasa del cortejo. No pierdas tu tiempo. Si tienes más de treinta años el plazo es para el compromiso.
5. Si pasas de los treinta observa que el hombre viva solo y no con sus padres.
6. Si al salir con un hombre te dice que el no desea casarse. Créele y sal corriendo. No pierdas tu tiempo.
7. Envía señales positivas de tu forma de vida. Siéntete orgullosa de ti misma.
8. Cuida la forma en que vistes. Proyecta una imagen de éxito para atraer a un hombre de éxito. Que tu

imagen no muestre a una mujer sexosa desesperada. Al contrario una imagen confiable y respetable.

Finalmente responde, ¿por qué te casarías contigo? De acuerdo con mi investigación, los hombres son más inteligentes para escoger pareja. ¿Qué podemos aprender de ellos? Que primero experimentan sentirse bien ellos mismos antes de dar el paso al compromiso.

Día nueve

Aléjate si ves estas señales:

- Te fue infiel.
- Te faltó al respeto de alguna forma.
- No te dice te amo, porque afirma que se le complica.
- Es un tacaño. Paga su propia cuenta cuando salen.
- Su relación es conflictiva, cual montaña rusa pasas del amor al odio.
- No trabaja por largos periodos de tiempo.
- Su familia no te quiere.
- Si lucha con el pago de sus cuentas, no pierdas tiempo.

Día diez

Aléjate de estos hombres:

- Los hombres violentos, pues pones en riesgo tu integridad.

- El chantajista y manipulador que controla lo que haces.
- El que voltea a ver otra mujer delante tuyo.
- El que no tiene tiempo para ti.
- El que te pide prestado constantemente.
- El obsesivo por su trabajo. No tiene tiempo para nada.
- El flojo, que no quiere hacer nada.

Día once

Comprende que la pareja perfecta está en ti. Cuando tu felicidad no dependa de tener una pareja, estarás lista para tenerla. Si amas la vida que llevas amarás por consecuencia todo lo que te rodea. Elige como pareja a alguien que se quiera. Elegir a una pareja es elegir un acompañante de viaje.

Día doce

Si hasta ahora no tienes un prospecto es porque seguramente piensas, ¿cómo puedo dejar mi soledad? ¡Yo nunca voy a lograrlo! Y tu mente es muy obediente. La ley de atracción responde a las vibraciones que envías, no juzga, simplemente cumple tus expectativas.

Tu elección de pareja depende de la calidad de tus pensamientos. ¿Cómo te sientes? De esto depende lo que atraes a tu vida. No es extraño que los ricos hablen de abundancia y los pobres de carencias. Los que viven el amor hablan de amor intenso y los que viven la traición, de infidelidades.

Tus pensamientos generan emociones diferentes, pues son pura química que circula por tu sangre. Tus emociones generan entonces una energía vibratoria que atrae poderosamente lo similar al canal en que te encuentras. Logramos atraer y nosotros mismos somos atraídos hacia quienes tienen características que encajan con las nuestras. Somos semejantes a aquel que juzgamos. Nos transformamos mediante la observación de lo que juzgamos.

Día trece

Haz elecciones correctas. Juega contigo misma. De tu sentido del humor y tus buenas elecciones depende más de lo que te imaginas. ¿Dejarías tu futuro en manos de otra persona? Claro que no. El trabajo es tuyo. La oportunidad de elegir correctamente nace de la experiencia responsable.

Hay un refrán que dice: "Cuanto más cambian las cosas más iguales son". Ya nuestras abuelas pregonaban: "El que quiere azul celeste que le cueste", pues mis hermosas mujeres las cosas no cambian, o entre más cambian más iguales parecen. El caso es que para elegir correctamente es indispensable sentirte valiosa.

Día catorce

La ley de reciprocidad. Escuchemos con mucha atención, en la búsqueda de nuestra pareja, los deseos, aficiones, pensamientos. No te canses de escuchar. ¿Qué es lo que quieren los demás? Escúchalos y comenzarás a saber, ¿qué quieres tú?

¿Cuándo y cómo buscamos pareja? ¡Siempre! Cuando caminas por el parque, cuando platicas con tu vecina la ancianita, cuando hablas con una amiga. Todo el tiempo, en el avión, en un restaurante. Es simplemente una actitud. Tener éxito a la hora de encontrar pareja significa practicar las veinticuatro horas, cuando trabajamos para formar relaciones de manera sabia.

¿Cómo? La mejor forma es mostrar interés genuino en la otra persona. Se trata de hacer anclaje con las personas. Mi argumento es simple no busques prospectos de pareja. Sorpréndete cómo al mostrar interés genuino por todos los seres humanos, los pretendientes aparecen en los lugares más inesperados. Observa y escucha lo que pasa a tu alrededor.

¿Por dónde empezar? Abre tus ojos. Hay grandes posibilidades. Mantente siempre atenta.

- Evita la ansiedad. Si muestras angustia generas desconfianza. Y la oportunidad de éxito disminuirá mucho. Cuando tu mente esta sana provee sustancias que atraen el éxito a tu vida. Tu cerebro genera adrenalina que aumenta tu capacidad mental y física.
- Genera confianza. Una manera de irradiar confianza en ti misma es recordar momentos de éxito. Todos aquellos momentos en que resultó muy pero muy bien lo que viviste. Atráelo a tu mente. Palpa la escena. Momentos que te den fuerza y autonomía. Céntrate en ti. En lo que necesitas proyectar. En darte cuenta de las señales que mandas de una foma muy simple por el tipo de personas que atraes. Te

sorprenderás lo relajada que estarás cuando tener una pareja no sea tu obsesión. No habrá más presión.

Día quince

Saluda a todo el que pase. Haz el firme propósito de saludar a todo el que pase junto a ti. A todos. Míralos a los ojos y saluda de manera efusiva.

Todos responderán de diferente forma. Socializa, esfuérzate por salir. No te sientas incómoda. La mejor forma de superarlo es practicar.

Día dieciséis

Hazte publicidad. Genera tu propia historia de éxito. Por ningún motivo cometas el error de hablar mal de tu vida amorosa y de tus exparejas. Tampoco te quejes con la frase trillada ¡No hay hombres! Comienza a trabajar para que tu sueño se vuelva realidad. La mejor publicidad que puedes hacer de ti misma es vender historias de éxito. Como podría interesarse un hombre en ti, si te la pasas quejándote de ellos. Sólo atraerás más de lo mismo.

Día diecisiete

Sé responsable. No te hagas la víctima, ni te quejes de lo que te ocurrió hasta ahora. Tendrás que dejar de culpar a los demás de tus elecciones. Si deseas tener al hombre de tus sueños vas a tener que aceptar 100% de la responsabilidad de tu vida.

Total si no te gustan los resultados que obtuviste hasta ahora. Cambia tu proceso de selección. Todo lo que experimentas hasta ahora es el resultado de las alternativas por las que optaste. Así que si haces lo que acostumbras obtendrás lo mismo.

Fuiste tú quien le dio el teléfono a ese hombre casado. Fuiste tú quien dijo sí en vez de decir no. Fuiste tú quien aceptó salir. Fuiste tú quien no escuchó su intuición. Fuiste tú quien no se cuidó. Fuiste tú quien no supo esperar algo mejor.

Asume la responsabilidad de crear la relación que quieres para ti. Te quejas como si no tuvieras ningún poder. Aprende:

- A decir No cuando sabes que es casado.
- A decir No cuando no trata de pagar la cena a la que te invitó.
- A decir No cuando llega siempre tarde.
- A decir No cuando no le interesa nada serio contigo.
- A decir No cuando le pides ayuda y te ignora.
- A decir No cuando no intenta conquistarte.

Cuidado con las señales: sensación de vacío, aburrimiento, actitudes sospechosas. Comparto la siguiente experiencia:

> Doctora Blanca, la escucho todas las mañanas en su programa de las 7, soy mamá de Karina Reyes, ella tiene cita con usted el lunes 9 a las 6 pm, yo solicité la cita a petición de ella. El motivo de mi carta es que estoy realmente preocupada por mi hija; ha cambiado del cielo a la tierra, de ser una mujer segura, con muchos amigos, amigas y una que

> otra relación amorosa que no había dejado huella, ahora se la pasa llorando, siempre triste y sin ánimo de nada, todo como resultado de su noviazgo más reciente, se enamoró de más, al grado que en menos de un año, se embarazó, perdió a su bebé casi a los cinco meses de gestación. Después de esto todo terminó. Él decidió concluirla, no sin antes ofrecerle todo su apoyo material y moral en lo relacionado con el bebé. Su relación de casi un año fue muy tormentosa pues peleaban todo el tiempo, ella lo terminaba un día y al día siguiente mi hija lo buscaba arrepentida; esto sucedió como siete veces, hasta que él la terminó. Ella aún lo llama y le manda mensajes; siempre llora mucho porque no le contesta ni da señales de querer volver con ella. Yo le dije que no lo busque, que tiene que darse valor, como ustede dice en su programa, que se sepa vender pero mis palabras no hacen efecto. Disculpe, no sé si hice bien en contarle todo esto. Sé que debe ser ella quien lo platique pero quise contarle mi punto de vista. Agradezco de antemano su apoyo. La dejo en sus manos y las de Dios, hasta pronto.

¿Qué hace que las mujeres nos mostremos tan necesitadas de una pareja? El ciclo del ser humano es nacer, crecer, reproducirse y morir. Será que esta premisa nos hace estar al pendiente de nuestro ciclo biológico como si fuera de vida o muerte.

Para ser feliz tengo que decirte algo, "No necesitamos tener pareja", ahora si puedes respirar y relajarte. Todas las señales de peligro fueron expuestas en este caso. Pero la chica se negó a verlas. Efectivamente como pensé el caso en voz de la protagonista era aún más terrible.

¿Cómo ser responsable de mis elecciones? Repite conmigo: "Soy libre para decidir quien será mi pareja con la que deseo compartir mi vida. Soy responsable de la realización correcta de mi elección".

¿Eres libre? Cuando soy libre confío. No busco pareja con miedo de no encontrarla o con desesperación de que sea la última oportunidad. Cuando confío, suelto el apego a mi deseo.

Día dieciocho

Pasa tiempo sola en un espacio personal para escucharte. Es necesario que te conozcas lo suficiente para saber cómo tratarte. No podemos depender de la opinión de los demás.

Llegó el momento de recuperar nuestro poder personal, al tener una claridad total de quienes somos.

Hasta ahora fuimos de un lugar a otro a voluntad de los demás, en la búsqueda sólo de complacer. Una mujer complaciente tiene el tremendo problema de decir no a aquellas personas que no le conviene aceptar en su mundo personal. Te darás cuenta que después de pasar tiempo contigo misma tendrás más respeto por tu persona. No hacer lo que los demás quieren para sobrevivir, te convertirá en una mujer auténtica. Seras tú misma. No tendrás que echarle la culpa a nadie de cómo te sientes. Aprenderás a verte de otra manera. Lo mejor de todo, sabrás decidir qué es lo mejor para ti.

Día diecinueve

Meditación guiada para encontrar pareja. Busca un lugar cómodo, en el que nadie te moleste. Viste ropa cómoda. Prepara el ambiente con aromaterapia e inciensos a tu gusto. Pasos a seguir:

1. Cierra tus ojos. Ponte en contacto con tu cuerpo y sus sensaciones. Visualiza a quien podría ser tu pareja ideal. Siente su presencia y el gozo de conocerlo. Guíale con tu luz para que puedan encontrarse. Obsérvalo con los ojos de tu alma.
2. Pídele a la madre tierra, siente su energía en las plantas de tus pies que te oriente en tus pasos hacía él.
3. Expresa tu gratitud al universo por esta hermosa experiencia.
4. Respira, trata de no meter todo el aire a tus pulmones. Se consciente de tu respiración. Exhala, mientras saca el aire por tu nariz. Toma el aire por tu boca. Tómate tu tiempo. Abre tu mente profundamente. Escribe en un diario lo que experimentaste.
5. Puedes hacer este ejercicio con una amiga y describir lo que observas en voz alta. Ella tomará nota de lo que observa en tu cuerpo.
6. La meditación guiada es una especie de comunión con tu espíritu. Puedes hacerle durante el ejercicio preguntas a tu sabiduría interna: ¿qué es lo que deseas comunicarme en este momento? ¿Qué puedo hacer hoy? ¿Qué mensaje debo observar?

7. Sal a caminar, después de este ejercicio, saluda con amor a todas las criaturas que te encuentres.

Día veinte

La mente y su potencial al elegir pareja. Tu forma de pensar positiva, optimista, alegre, propositiva y entusiasta es capaz de transformar tu mundo personal.

Hay tantos estudios científicos que demuestran la relación entre una actitud pesimista y la depresión. Una mujer pesimista tiende a sentirse desamparada, sin esperanza y por razones obvias atrae desgracias.

Así que durante este día revisarás la calidad de tus pensamientos y cuidarás de ellos.

Las personas emocionalmente ansiosas exigen atención y cuidados de manera constante y se comportan en forma manipuladora. Buscan relaciones románticas en términos de obsesión, con intensos episodios de celos, rechazo y abandono.

Si logras manejar tus pensamientos te volverás más sensible a tus necesidades y tendrás más claridad al elegir al compañero de tu vida.

Día veintiuno

No te cases presionada por el tiempo. No te cases por miedo a la soledad. Aprende a esperar una relación sana. La decisión de elegir a tu pareja sin prisa te lleva al éxito. Éste no es un libro con tips para atrapar marido, sino para aprender a vivir con una pareja sanamente. Volverte un ser feliz para atraer personas en la misma sintonía.

Quiero que aprendas de los errores que durante más de veinticinco años he escuchado en el consultorio. Antes de elegir una pareja respóndete: ¿por qué quieres una pareja?

Plan de acción:

1. Realiza un inventario de todas tus cualidades. Sé realista.
2. Vende tu imagen en tu mente. Si no te gustas tú cómo pueden apreciarte otros.
3. Debes gustarte mucho.
4. Arréglate, vístete para ti.
5. Únete al club de las mujeres felices.
6. Elabora una lista de victorias que recuerde tus éxitos pasados y antes de salir a la calle léela en voz alta.
7. Conéctate con tu espíritu donde se encuentran almacenadas tus experiencias afectivas.
8. Busca una pareja de alma y da los pasos necesarios para ello. Primero encuéntrate tú.

Sandra estaba muy confundida, conoció a Juan Carlos, un hombre muy bueno e interesante que la trataba con mucha admiración. Sandra quedó cautivada por su amabilidad y a pesar de que Juan Carlos no era su tipo de pareja, decidió darse una oportunidad. Los detalles y amabilidad extrema de su novio fueron tornándose en intenso control y manipulación. Sandra perdió su amistades y su mundo se convirtió en un remolino alrededor de su pareja.

Después de seis años de relación, Sandra decidió preguntar a su compañero qué dirección tomaría la relación. Juan Carlos molesto le dijo que no lo presionara, que todo llegaría a su tiempo, que cuarenta años no eran nada y tendrían oportunidad de formalizar la relación.

Sandra decidió terminar. Sus amigas y familia la criticaron mucho. ¿Cómo dejaba a un hombre tan bueno?, con lo escasos que están.

Meses después en una crisis de soledad, Sandra mandó un correo electrónico a Juan Carlos:

¿Sabes? Estoy poniendo orden en mi vida. ¿Cómo puedo ser tan desordenada con lo más importante? Mi historia personal. Me llené de ocupaciones y me olvidé de disfrutar. Tal vez es un hábito que debo aceptar como parte de mi esencia. Digo sí a todo y después me agoto y quedo sin energía. Ya no estoy tan orgullosa de ello. Pero sí, acepto que algo de gratificación tendré para seguir adelante.

Me rehúso a no seguir abusando de tu hermosa escucha, siempre paciente y te pregunto, ¿cómo estás? ¿Cuáles son tus pensamientos? ¿Qué pasa en tu vida?

Me despido de ti por el momento. Espero que hoy sea un gran día para tu espíritu. Te llevo en mi corazón con mucho aprecio.

Tu siempre amiga
Sandra

Esperó no haberse visto muy atrevida y horas después recibió la respuesta de Juan Carlos:

> Querida Sandra, me da tanto gusto saber de ti. Aquí sigo. Fregado pero contento. Todavía no tengo rumbo. Sé que tengo cuarenta años y que debería tener un rumbo más claro. ¿No es así? Me ha ido muy mal económicamente. La verdad no tengo ganas de buscar trabajo. Con lo que tengo salgo adelante para mis gustos. Sé que a ti te fue muy bien y me da mucho gusto. Ojalá podamos vernos pronto. Por cierto, ¿podrías prestarme mil pesos? Sabes unos amigos me invitaron a la playa y no tengo dinero. Sólo me piden que lleve para las chelas. ¿Gustas ir? Mi carro no funciona muy bien de los frenos. ¿Te acuerdas? No he tenido para arreglarlo.
>
> Espero verte pronto.

Sandra suspiró y siguió con su aventura personal. Definitivamente no necesito contarte que jamás volvió a buscar a Juan Carlos. Podría ser un buen amigo. Pero no una buena pareja. Algunas veces nos negamos a ver las señales. ¿No crees?

Marketing personal

¿En qué eres especial? Vamos responde, es un requisito para poder relacionarte con una pareja y con tu entorno. Ya llegaste hasta la parte final del libro no puedes saltarte este tramo. Te ayudo un poco. ¿Qué tienes en común con otras mujeres? ¿Qué comunicas sin hablar? ¿Comunicas que eres especial? ¿Cuánto te valoras? ¿Cómo te ves? ¿Cómo te ven los demás?

Tu imagen es creada de dentro hacia afuera. Así que tendrás que hacer un ejercicio de introspección. ¿Cómo son tus emociones al respecto? Se trata de mostrar quién eres, de agradecer quienes somos. Conocerte y proyectarte hace la diferencia. ¿Qué valores te distinguen? ¿Cuál es tu reputación? Conocer la imagen que proyectas te sirve para:

- Entenderte mejor.
- Mejorar tu autoconfianza.
- Aumentar tu valor personal.
- Mejorar la calidad de tu vida.
- Adentrarte al buen manejo de límites.

¡Convierte tu vida en una experiencia extraordinaria! Incluso cuando las cosas no vayan bien. Si permaneces con una sensación de valor propio inspirarás respeto en tu entorno. Empieza por conectarte cuerpo, mente y espíritu.

Sé consciente de lo que proyectas, piensas, dices, deseas y de tus metas. Tú y yo no sólo queremos una relación de pareja, ¿verdad? Queremos una relación nutritiva y motivante.

Una relación de pareja extraordinaria comienza siempre con pensamientos de amor hacia ti. Mírate bien, ¿vales la pena? Si tu respuesta es sí. Un rotundo sí. Ahora sólo proyéctalo, ¿quieres? Tu confianza en ti misma es esa energía magnética que te envuelve y te hace simplemente irresistible. No para una pareja, sino para el universo mismo.

Conclusiones

Encontrar una pareja es ponerte en sintonía con la resonancia del alma de otra persona. Si a eso no se le puede llamar milagro, no sé a qué sí. Tu pareja está también ansiosa en busca de ti. De tocar tu mano y sin aferrarse caminar juntos por una ruta de sueño.

Miles de mujeres encontrarán su pareja después de leer esta obra. Definitivamente cada capítulo pretende ser más que simples instrucciones. Te cuento un secreto, encontrar tu pareja espiritual comienza con un sueño. El sueño de identificar qué tipo de persona mereces a tu lado. Después se da el encuentro místico. Pero si tú aceptas a alguien que conscientemente sabes no es la pareja que deseas, bloquearás el camino de quien sí lo es.

Si te concentras en ese fuerte deseo de estar juntos será, el sueño terminará por manifestarse. Anota cada detalle de tu experiencia de conocerte para poder conocer a tu pareja ideal. A no necesitar una pareja para que ésta aparezca en tu vida.

Todo en la creación surge a través del deseo. Si hasta ahora no habías elegido parejas adecuadas sólo tú tienes el poder de cambiarlo. Cuando cambiamos nuestra manera de pensar cambiamos la experiencia.

¿Estás dispuesta a amarte? ¿Qué tipo de pensamientos tienes acerca de ti? Recuerda que lo que piensas y hablas se convierte en experiencia. Necesitamos encontrar y conectarnos con nuestra fuente interior para encontrar la pareja adecuada. Necesitamos encontrarnos con nosotras mismas antes de hallar a otra persona. Necesitamos descubrir y utilizar nuestro centro interior. En el interior de cada una hay un imán que atrae a las personas y las experiencias que están en nuestra frecuencia. Ahora ve a ese lugar y encuentra a la pareja que está dentro de ti. Sólo tienes que tomar el tiempo necesario para conectar con tu fuerza. Sólo así escucharás tu voz de sabiduría.

Mujeres, ¿con qué clase de pareja deseamos vivir? Lo único que te pido es que estés dispuesta a cambiar tus paradigmas mentales y utilizar nuevas formas de pensamiento que te lleven a manifestarte en toda tu esencia.

Debido a la manera en que nos criaron a las mujeres, la mayoría no tenemos suficiente amor por nosotras mismas. Nos hace falta autovalorarnos lo suficiente. No nos enseñaron a cuidarnos. Por ello cuando una mujer no tiene pareja se siente aterrada. También aguantamos parejas desastrosas por miedo a estar solas. Es tan absurdo que también nos da miedo encontrar a la pareja adecuada y terminamos por sabotearlo.

Hagámonos unas cuantas preguntas y respondamos honestamente. Recuerda que todo es para sentirnos mejor y conocernos más.

- ¿Cómo puedo aprovechar el tiempo que estoy sin pareja para conocerme más?
- ¿Qué deseo exactamente de una pareja?
- ¿Qué espero de una relación de pareja?
- ¿Qué puedo hacer para satisfacer todas y cada una de mis necesidades emocionales y físicas?
- ¿Cómo puedo darme yo misma lo que espero de una pareja?

- ¿Me acabaría como persona no tener una pareja?
- ¿De qué manera puedo ser feliz con o sin pareja?

Lo mejor que podemos hacer es tratarnos como una persona amada. Llénate de mimos y cuidados. Cuando te ames intensamente a ti misma, estarás abierta al amor de otra persona, te sentirás merecedora. Así que centrémonos en amarnos.

Que el centro de tu mundo no sea un hombre. O atraerás a puros egocentristas. Que el centro de tu mundo sea la alegría y felicidad de estar viva. Construyamos nuestro mundo en torno a la alegría y quedemos receptivas a toda energía de amor.

La relación más importante de tu vida es la relación contigo misma. ¿Se puede ser feliz sin pareja?

Reconoce tus miedos y supéralos. Reflexiona sobre cada uno de ellos. Si sentimos amor por nosotras mismas, un amor profundo, podrás verlo manifestado también fuera de ti. Lo que es dentro es fuera. No pierdas tiempo esperando a ser feliz hasta que encuentres una pareja. Comienza por ser amorosa y tierna contigo misma. Trátate como desearías que lo hiciera tu pareja.

De lo que puedes estar segura es que estarás sola en algún momento de tu vida. Aprende a disfrutarlo. Si sabes estar sola estarás preparada para vivir en pareja.

Es muy triste que aun hoy día algunas mujeres se sientan despreciadas por no tener un hombre en su vida. Definitivamente no tener pareja no te hace incompleta. Jamás olvides que nadie puede darte el amor que sólo tú misma puedes darte. Ese amor jamás termina porque depende de ti.

Si buscas pareja con miedo se puede volver un riesgo para tu salud emocional. No caigas en relaciones insatisfactorias por no quedarte sola. No te conformes con ella.

Es más conveniente estar sola que vivir con la pareja inadecuada. El amor de tu vida está en ti. Conviértete en tu pareja ideal. Vive la clase de vida que deseas tener. Crea la vida de tu sueños ahora mismo.

Ámate mujer y deja que el universo conspire a tu favor. No hagas nada, sólo observa a qué tipo de personas atraes a tu vida.

No olvides hacer tu lista de lo que esperas de una pareja, las mujeres debemos entender que nada entra a nuestra vida, si no lo atraemos primero. Tienes la pareja que crees que te mereces.

¡Ámate!

El amor es una fuerza natural a la que hay que darle cauce. Es ese impulso que te transforma. Gracias por compartir conmigo tus experiencias a:

desarrollohumano@blancamercado.com

www.blancamercado.com

Sólo quiero recordarte que cuando tenemos una firme creencia de lo que somos, es posible unirnos a otra persona sin perder el sentido sano de nuestra propia valía.

Blanca Mercado

Mujer soltera busca marido
terminó de imprimirse en 2014 en Litográfica Ingramex S.A. de C.V.,
Centeno 162-1, Col Granjas Esmeralda, Del. Iztapalapa,
C.P. 09810, México, D.F.
Para su formación se utilizó la fuente FF Scala diseñada por
Martin Majoor en 1990-1998 y Chaparral Pro
diseñada por Carol Twombly en 1997-2000.